空中写真に遺された昭和の日本
戦災から復興へ

一般財団法人日本地図センター ●編集

東日本編

創元社

装丁・造本　寺村隆史

目次

空中写真に遺された昭和の日本 ⋯⋯⋯⋯⋯⋯⋯⋯⋯⋯⋯⋯ 005

札幌 SAPPORO ⋯⋯⋯⋯⋯⋯⋯⋯⋯⋯⋯ 008

仙台 SENDAI ⋯⋯⋯⋯⋯⋯⋯⋯⋯⋯⋯ 018

さいたま［浦和］SAITAMA ⋯⋯⋯⋯ 028

千葉 CHIBA ⋯⋯⋯⋯⋯⋯⋯⋯⋯⋯⋯ 038

上野 UENO ⋯⋯⋯⋯⋯⋯⋯⋯⋯⋯⋯ 048

秋葉原 AKIHABARA ⋯⋯⋯⋯⋯⋯⋯ 058

銀座・丸の内 GINZA・MARUNOUCHI ⋯ 068

新宿 SHINJUKU ⋯⋯⋯⋯⋯⋯⋯⋯⋯ 078

渋谷 SHIBUYA ⋯⋯⋯⋯⋯⋯⋯⋯⋯ 088

武蔵野 MUSASHINO ⋯⋯⋯⋯⋯⋯⋯ 098

立川 TACHIKAWA ⋯⋯⋯⋯⋯⋯⋯⋯ 104

八王子 HACHIOJI ⋯⋯⋯⋯⋯⋯⋯⋯ 110

横浜 YOKOHAMA ⋯⋯⋯⋯⋯⋯⋯⋯ 116

新潟 NIIGATA ⋯⋯⋯⋯⋯⋯⋯⋯⋯ 126

富山 TOYAMA ⋯⋯⋯⋯⋯⋯⋯⋯⋯ 136

静岡 SHIZUOKA ⋯⋯⋯⋯⋯⋯⋯⋯⋯ 146

浜松 HAMAMATSU ⋯⋯⋯⋯⋯⋯⋯⋯ 156

昭和は遠くなりにけり――あとがきにかえて ⋯⋯⋯⋯ 166

参考文献 ⋯⋯⋯⋯⋯⋯⋯⋯⋯⋯⋯⋯⋯⋯⋯⋯⋯⋯⋯⋯ 167

【凡例】

一、本書収録の都市の選択にあたっては、一般財団法人日本地図センターが収集した米国立公文書館所蔵米軍撮影空中写真中に、1945(昭和20)年前後の高精細空中写真が存在することを第一の基準とした。

一、本書で用いた地形図・空中写真の種別・来歴については、冒頭の解説（5〜7頁）を参照のこと。

一、地形段彩図と一部の図を除き、原則として縮尺は1万分1とし、大都市部の一部を5千分1とした。

一、各都市・地域冒頭の地形段彩図内の赤枠は、地形図・空中写真の収録範囲を示す。

一、各地形図左上の年代は、地形図の発行年を示し、左下に資料インデックスを兼ねる図歴を明示した。

一、図歴の年代は測量年を示す。

一、図歴における「修正」「部修」などの略語・用語については、別記の「図歴略語・用語解説」を参照のこと。

一、各空中写真の左上の年月日は、撮影日を示し、左下に撮影縮尺、資料インデックスを明示した。

一、収録対象区域全域を空中写真でカバーできない場合、地形図で補うか、そのままとし、地形図でカバーできない場合はそのままとした。

一、本書の編集および各都市・地域の解説は、主に日本地図センターの小林政能が担当した。

❖図歴略語・用語解説

測図 地形図の無かった区域を測量して地形図を初めて作成すること。平板測量で作成されたものが多い。

測量 「測図」とほぼ同じ意味。明治時代と昭和30年頃以降の2つの時期に用いられた用語。また修正の時に「測図」を「測量」に書き改めたものもある。

改測 地形図の修正回数が多くなった場合、あるいは修正量が多い場合に全内容を改めて測量すること。

修正 修正測量の略。時代の変化に対応して、空中写真や現地調査を元に変化した部分を地図の全範囲について修正すること。

二修 二回目の修正測量。以下、「三修」「四修」「五修」と続く。

部修 部分修正の略。変化部分の一部のみを修正すること。

二部 二回目の部分修正。以下、「三部」と続く。

鉄補 鉄道を補入すること。

資修 資料修正の略。市町村の合併や鉄道の新設など、比較的大きな変化のあった場合、その項目だけを官報や関係機関からの資料だけで修正すること。現地調査は行ってない場合が多く、特定の項目しか修正していない。

編集 大きい縮尺の図を基に、小さい縮尺の地図を作成すること。

出典：国土地理院ホームページ内の「更新履歴について」
http://mapps.gsi.go.jp/history/update_history_name.html （平成29年8月現在）

米国立公文書館所蔵米軍撮影空中写真

一般財団法人日本地図センターでは、米国立公文書館において空中写真状況調査をおこない、第二次世界大戦末期〜1950年代の貴重な空中写真を入手しました。この空中写真は、日本全国都市部を中心に約7000枚あり、東京大空襲や長崎原爆投下前後など戦中の写真、1947（昭和22）年のカスリーン台風や1959（昭和34）年の伊勢湾台風の写真など、当時を知ることのできる貴重な写真です。日本地図センターでは、この写真の整理を進めており、印画焼き（プリント）及び画像データの提供を行っております。

一般財団法人日本地図センター　米国立公文書館所蔵米軍撮影空中写真

http://www.jmc.or.jp/photo/NARA.html

一般財団法人日本地図センター　空中写真部

〒305-0821　茨城県つくば市春日3-1-8

TEL 029-851-6657 FAX 029-852-4532

E-mail shashin@jmc.or.jp

空中写真に遺された昭和の日本

　昨今、改めて「昭和」が見直される機会が増えたように感じる。早いもので、昭和に換算するとすでに昭和90年代に入っている。平成もやがて30年になり、次の元号の準備も始まっている。

　御存知のとおり、昭和の期間は非常に長い。明治・45年、大正・15年と比べてみれば、昭和・64年の長さは明らかである。そして、その間には第二次世界大戦とその敗戦を筆頭に、オリンピック（新幹線開業を含む）・万博・地震など日本の大転換点がいくつも包含されている。また、戦後の高度成長期には、産業構造の変化にともなう大都市圏への人口の集中が進み、都市化とモータリゼーションの波は、大都市圏のみならず地方圏においても着実に進んできた。各都市の様相は、昭和期において一変したと言える。

　本書では、東日本における主要都市の様相を読み解くための必要不可欠な資料・空中写真と地図を、時間をさかのぼるように揃え、昭和期の都市の変化をつまびらかにするものである。

　都市をより詳しくとらえ、時間経過の比較を容易にするために、地図と空中写真の縮尺は、極力大縮尺にすることを心がけた。また、都市を意義付ける要因のひとつである地形を、地形段彩図によって表現したことで、都市構造と地形の関係性もとらえることができるであろう。

　本書で取り扱っている空中写真と地図のデータの種類をあげ、それぞれのデータについて説明をする。

地形段彩図

　地理院地図と基盤地図情報（数値標高モデル：5mメッシュ標高・10mメッシュ標高）より調製。取得は、2017年6〜7月である。

●地理院地図
　国土地理院が提供する地形図・空中写真・標高・地形分類など日本の国土の様子を発信するウェブ地図。主に地形図のデータとして使用。

●基盤地図情報
　国土地理院が提供する、電子地図における位置などの基準となる情報。国や地方公共団体、民間事業者等の機関が、地理空間情報の整備に際し、基盤地図情報に基づくことで、正しくつなぎ合わせたり、重ね合わせたりすることを容易にするもの。地理空間情報の、より一層効率的かつ高度な利用を目的としている。

●5mメッシュ標高
　航空レーザ測量を基に作成した主に大都市圏、河川流域等を対象として作成したデータと、写真測量を基に作成した主に全国の都市計画区域のうち市街化区域と市街化調整区域を対象として作成されている。地表での経度差、緯度差0.2秒（約5m）間隔のメッシュの中心点の標高を取得したデータ。標高値の記載は、0.01m単位となっているが、0.1m単位で求めたものが有効値であり、小数点以下2位については参考値。

●10mメッシュ標高
　1/25,000地形図の等高線データ等を基に作成されたデータで、日本全国が整備されている。地表での経度差、緯度差0.4秒（約10m）間隔のメッシュの中心点の標高で作成したもの。標高値の記載は0.1m単位となっているが、1m単位で求めたものが有効値であり、小数点以下については参考値。本書では、5mメッシュ標高のデータが揃わない都市にのみ使用。本書では「札幌」において使用。

地理院地図の例・上野

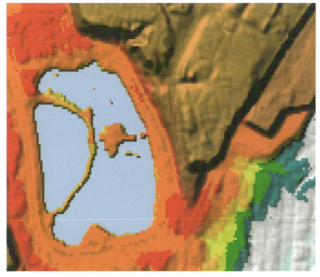
基盤地図情報（5mメッシュ標高）の例・上野

1万分1地形図

現行シリーズ（更新は終了している）と、それ以前の数次にわたって整備された旧シリーズに分けて整理し掲載した。

◉1万分1地形図（現行）

大都市、県庁所在都市及び地方の主要都市等の都市域について整備されてきた地図シリーズ。四六半裁判（520mm×738mm）5色刷りで、折図で刊行されている。現行のシリーズは、1983（昭和58）年から刊行されているもの。本書では、昭和期の最終型と位置づけ、昭和末期から平成初期のもので、昭和64年にもっとも近い刊行年の図を採用した。

◉旧1万分1地形図

1万分1地形図の整備は全国的な計画で行われたことはなく、重要地域のみに限られてきた。1893（明治26）年に海防要塞地帯の兵要地図の縮尺を1万分1に定めて各地の要塞地帯の測量を行ったのに始まり、明治末期まではほとんど主要地域・要塞地帯のみについて実施された。その後、大正時代から昭和初期には、主要地域・要塞地帯・大都市・陸軍演習場地域などについて整備作成された。本書では、大正末期から昭和初期に1万分1地形図が刊行されている場合には、これを昭和期の最初期として採用した。

1945（昭和20）年以後は全国の主要都市の測量も実施されるようになり、1960（昭和35）年までに多色刷で地番の入った地形図が発行された。それ以降は2千5百分1、5千分1の大縮尺国土基本図の作成に伴い、1万分1地形図の作成は一時中止された。本書では、1960（昭和35）年までの1万分1地形図を、戦後復興期の様相を表すものとして採用した。

2万5千分1地形図

1964（昭和39）年以降の現行シリーズと、それ以前に整備された旧シリーズに分けて整理し掲載した。

◉2万5千分1地形図（現行）

国土の全域にわたって整備されている地図のなかでは最大縮尺の地図シリーズ。現行のシリーズは、1964（昭和39）年から全国整備が開始されたもの。北方領土等を含む全国整備が完了したのは、2014（平成26）年のことである。

昭和期の現行シリーズは、柾判（460mm×580mm）3色（墨・藍・褐）刷で刊行されていた。2013（平成25）年からは多色刷になり、地形に陰影が付くなどの多彩な色で表現した新しいタイプになっている。本書では、1万分1地形図を補完するものとして、一部に採用した。

◉旧2万5千分1地形図

2万5千分1地形図の測量が始まったのは、1908（明治41）年から。当初は一部地域についてのみ作成された。大正末期には、2万分1地形図からの編集作成が多く行われた。その後、2万5千分1地形図作成は、1938（昭和13）年（修正は昭和18年）を最後に中止される。2万5千分1地形図の測量が再開されたのは1950（昭和25）年からである。

本書では、2万5千分1地形図と同様に、1万分1地形図を補完するものとして、一部に採用した。

現行シリーズの1万分1地形図の初期の表紙

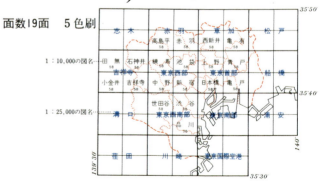

現行シリーズの1万分1地形図の初期整備範囲
「国土地理院　刊行地図一覧図」の一部　昭和59年4月1日現在（一般図の部）
日本地図センター発行

空中写真

「航空写真」とも言われ、国土地理院は地図作成の目的に航空機等に搭載した航空カメラによって撮影している地表の写真を「空中写真」と統一して呼んでいる。日本写真測量学会では、学術用語の統一という観点から、「空中から撮影したもの全てを総称して空中写真という」としている。

●空中写真（国土地理院撮影カラー）

国土地理院撮影の空中写真は、1974（昭和49）年からカラーによる撮影が行われている。本書では、カラー初期に撮影された縮尺・8千分1の高精細の空中写真が撮影されている場合は、昭和50年代初期の資料として採用した。その後、昭和50年代後期に撮影された縮尺・1万分1の写真も同様に採用した。

●空中写真（国土地理院撮影モノクロ）

国土地理院撮影の空中写真は、1961（昭和36）年からモノクロ撮影が行われている。本書では、モノクロ初期にほぼ全国撮影された縮尺・1万分1の高精細の空中写真を、昭和30年代の資料として採用した。これは、前述の大縮尺国土基本図の整備に用いられたものである。

●空中写真（国土地理院所蔵米軍撮影）

戦後・1947（昭和22）年から1956（昭和31）年までの期間、占領下にあった日本を米軍が撮影を行ったもの。全国的には縮尺・4万分1で撮影されており、主要都市などは縮尺・1万分1で撮影されている。本書では、戦後期の資料として採用した。

●空中写真（米国立公文書館所蔵米軍撮影）

戦中・1944（昭和19）年11月〜1945（昭和20）年に、米軍が対日作戦のため日本の都市を中心に撮影した空中写真。撮影縮尺は大縮尺のもので1万分1であり、建物単位で都市が克明に写されている写真もある。

米軍の用途は、攻撃前任務＝目標物捕捉や地図作成と、攻撃後任務＝損害評価のため。機密解除になり、米国立公文書館分館（通称「Archives Ⅱ」）で公開されているものを、（一財）日本地図センターが独自に調査し収集した。

本書では、主に2万分1以上の大縮尺の写真を、戦中・戦前期の貴重な資料として採用した。空襲の直後の様相であったり、空襲前の都市の姿が遺されている。

米国立公文書館所蔵米軍撮影米軍撮影空中写真の例

1945（昭和20）年5月25日撮影　撮影縮尺：1/65000、
コース：3PR-21BC-SM237-1V、写真番号：5

上の写真中の注記部分の拡大

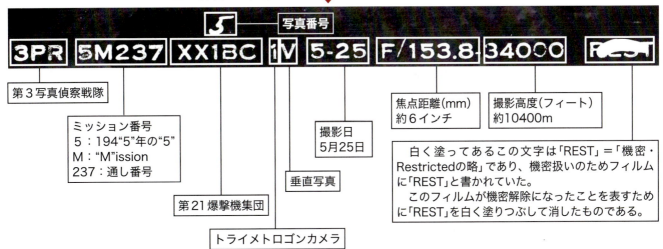

＊米軍撮影空中写真の注記には、種々の情報が記載されている。撮影開始の1枚目には、おおよその緯度経度が書かれていることもある。

札幌 SAPPORO

　試される大地・北海道の首邑にして、北の200万都市・札幌。海に面さない内陸の大都市は、日本では珍しいと言える。

　1869（明治2）年に開拓使設置。開拓使判官の島義勇（よしたけ）が、碁盤の目の都市計画を描く。

　1928（昭和3）年の地図では、防火帯として設けられ、後に公園となった大通公園や、1918（大正7）年に運行が開始し、1927（昭和2）年に市営になった札幌市電など、現在とほぼ変わりない札幌市の姿が形成されている。

　北海道への空襲は、1945（昭和20）年7月14日・15日、函館、室蘭、苫小牧、小樽、網走といった沿岸部から、美瑛、千歳、石狩、江別といった内陸部にかけて、78市町村に行われた。また、青函連絡船航路や日本軍艦船も攻撃された。

　合計で死者数1,925名、負傷者数970名、被害戸数6,680戸の被害を出した。札幌市周辺では、死者1名、石油補給タンクがあった丘珠（おかだま）地区に被害があったほかは、市街地への爆撃はほとんどなかった。

　そのため、札幌市では、明治に作られた都市の姿がほぼそのまま残った。しかし、よく見ると戦争の影響が残っている。例えば、1945（昭和20）年4月と6月の写真を見ると、写真右下の豊平川から市街地に左に伸びる道路（現在の国道36号線の辺り）の道路幅が広くなっているのがわかる。これは、戦時中の建物疎開（強制疎開とも）による防火帯であり、戦後この土地を活用して、道路が拡幅されている。建物疎開は、全国の主要道路や線路、河川沿いなどで行われた跡を見ることができる。

　1972（昭和47）年に開催された札幌オリンピック前後の変化では、1963年（昭和38年）から1970年（昭和45年）にかけて駅前通の拡幅事業を行い、道路幅が広くなっている。また、札幌市電は、2015（平成27）年にすすきのと西4丁目間を新設し、ループ化されている。

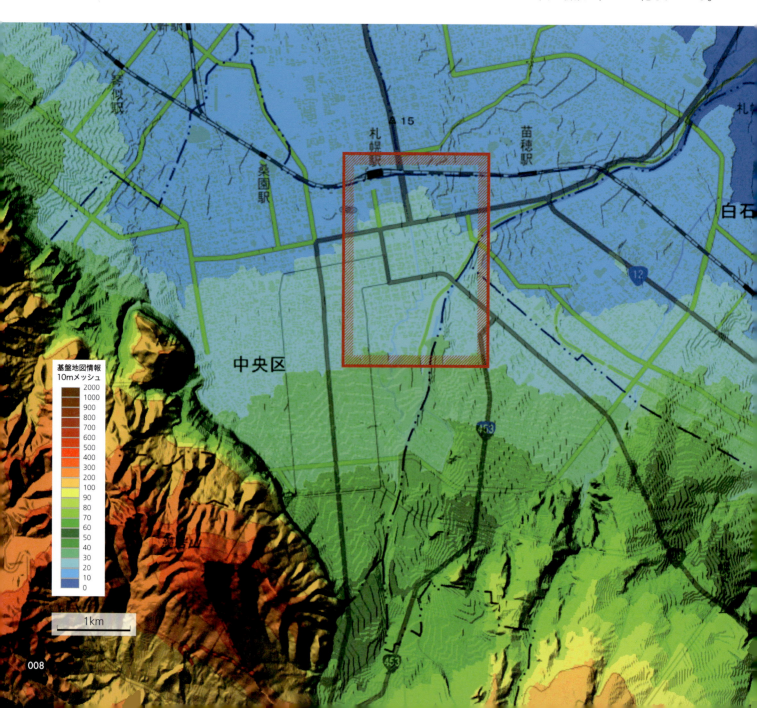

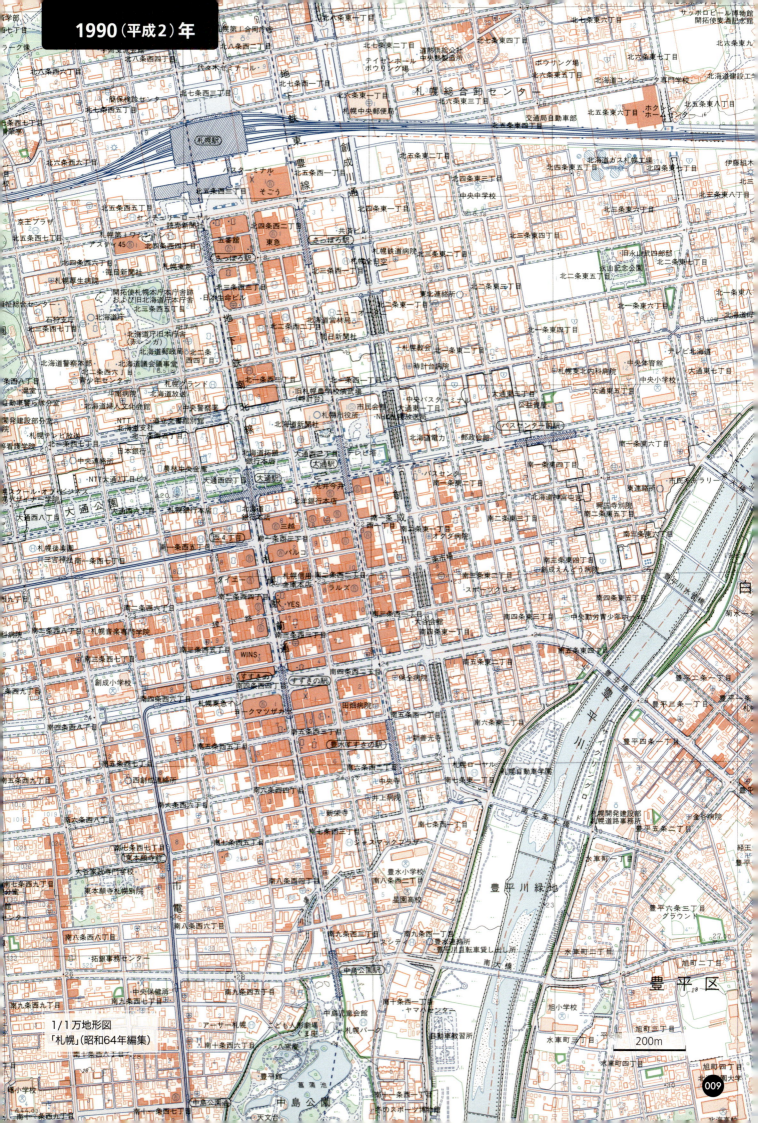

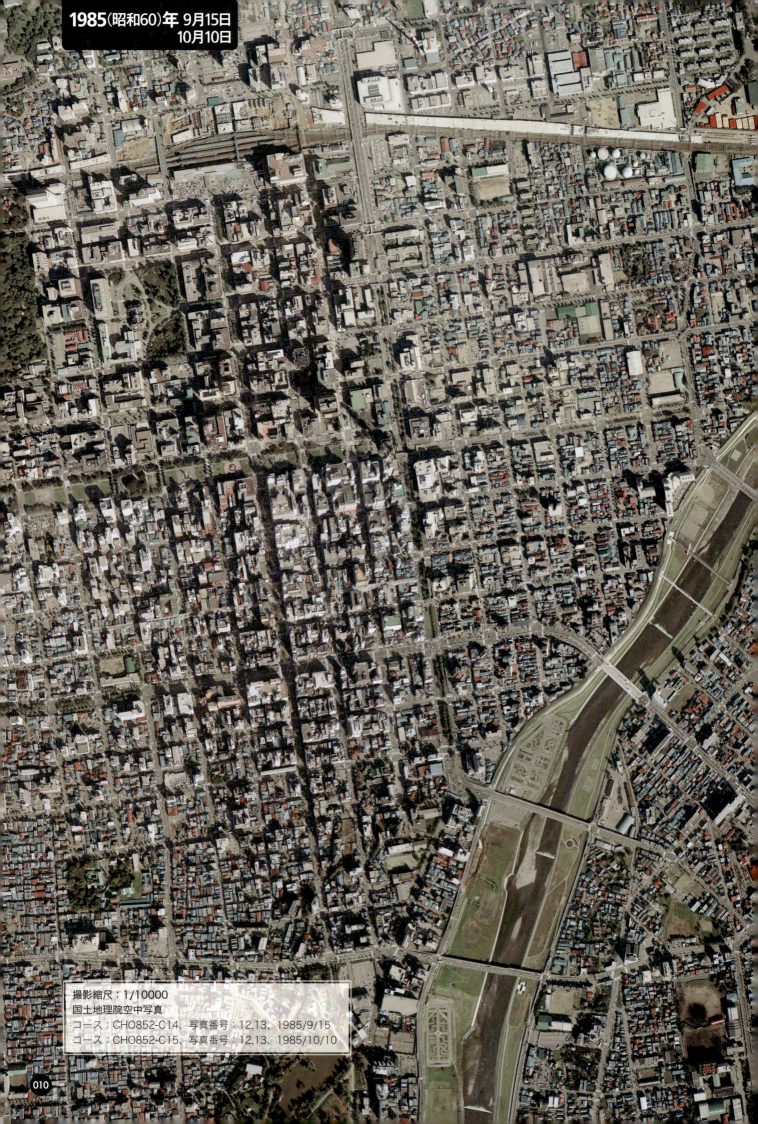

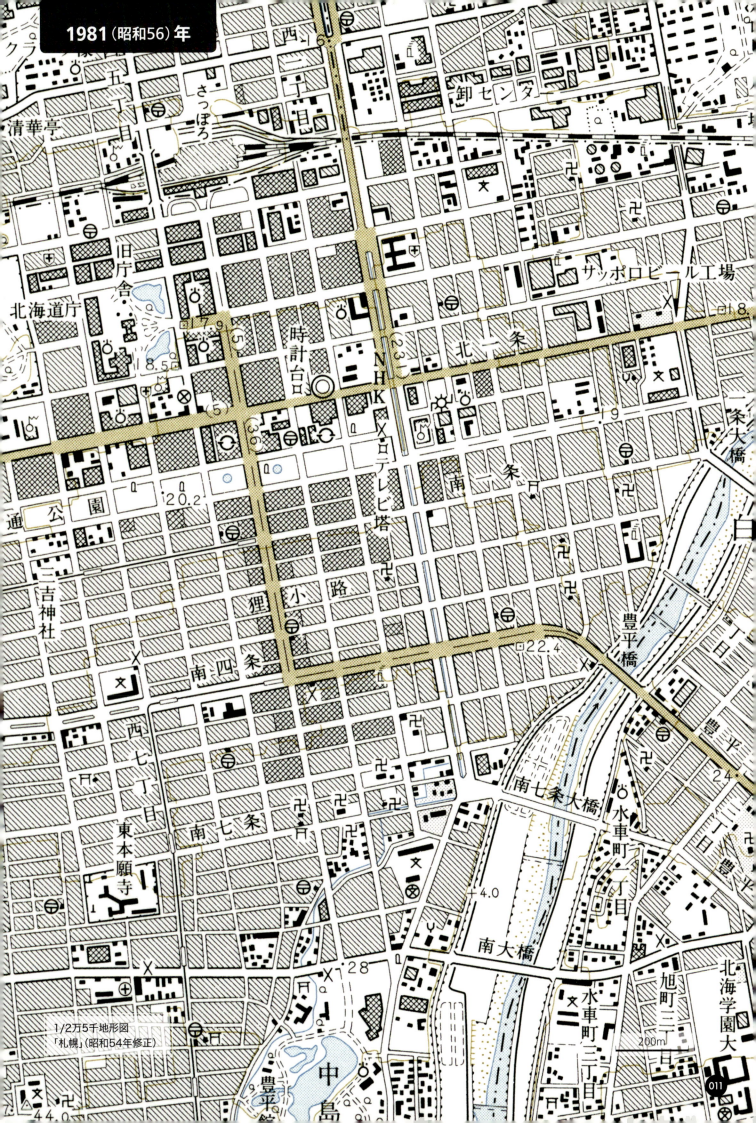

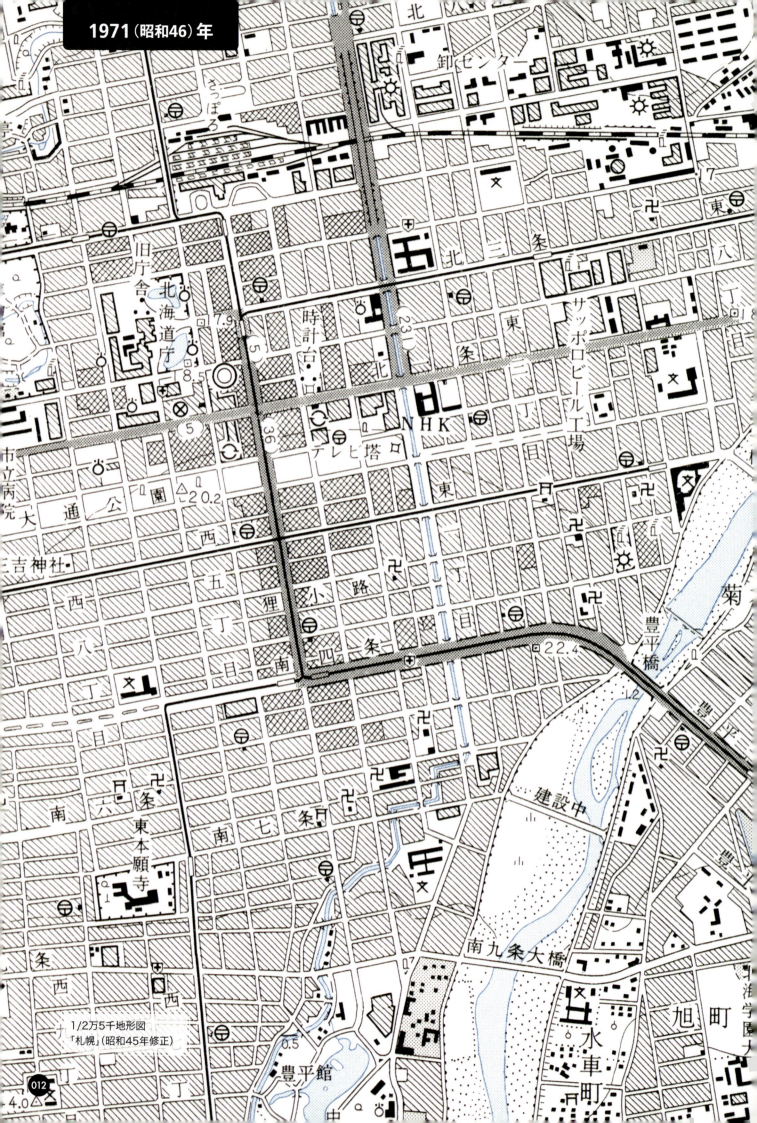

1930（昭和5）年

1/2万5千地形図
「札幌」（昭和3年鉄補）

仙台 SENDAI

　杜の都・仙台は、人口・100万人を超える東北地方最大の都市。1600（慶長5）年、伊達政宗が仙台に居城を定めたことに端を発する。

　地図にはないが、仙台城は広瀬川を天然の要害にして築かれた。地図の中心部に広がる城下町は広瀬川の左岸の台地上、東進する大町通と南北を通る奥州街道を中心に町が作られた。また、伊達政宗の霊廟である瑞鳳殿が、地図の左下の蛇行する広瀬川付近に確認できる。

　明治維新後は1887（明治20）年に東北本線が開通して上野と直結し、陸軍第二師団や東北帝国大学が設置され、北の学都・軍都として発展を始める。市内の交通網は、1926（大正15）年に開業した仙台市電がになった。1930・31（昭和5・6）年の地図では市内を走る市電や、左下の広瀬川の蛇行部付近に帝国大学の文字が見える。

　本州北部の軍事・経済の重要都市と目されていた仙台は、1945（昭和20）年7月10日に空襲を受ける。その事前偵察撮影となる同年5月25日の写真は、空襲前の街並みが記録された最後の写真とも言える。

　空襲は午前零時3分から2時間にわたり、12,961発（912トン）の焼夷弾が投下された。死者828名、負傷者385名。23,956戸、全市の27.8％が焼失した。この空襲によって、逓信局、鉄道局、仙台城大手門、瑞鳳殿などが焼失した。

　市内の道路網は、1946・47（昭和21・22）年の地図にあるように、戦災復興都市計画による広幅員道路が縦横に整備され、東一、二番丁、広瀬通、青葉通といった主要道路が作られた。

　また、市電は1976（昭和51）年3月31日をもって運行を終了したため、1995（平成7）年の地図では市電が見られなくなっている。

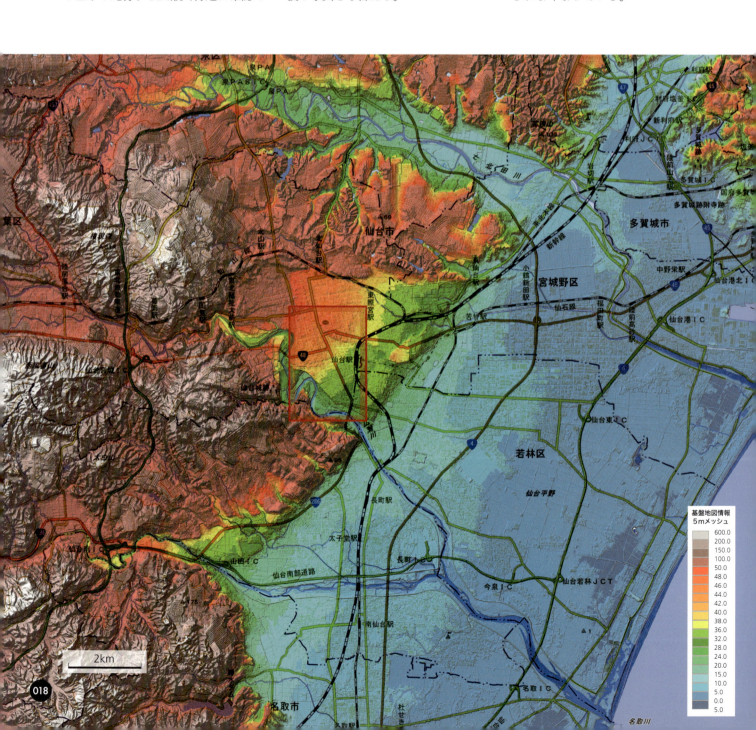

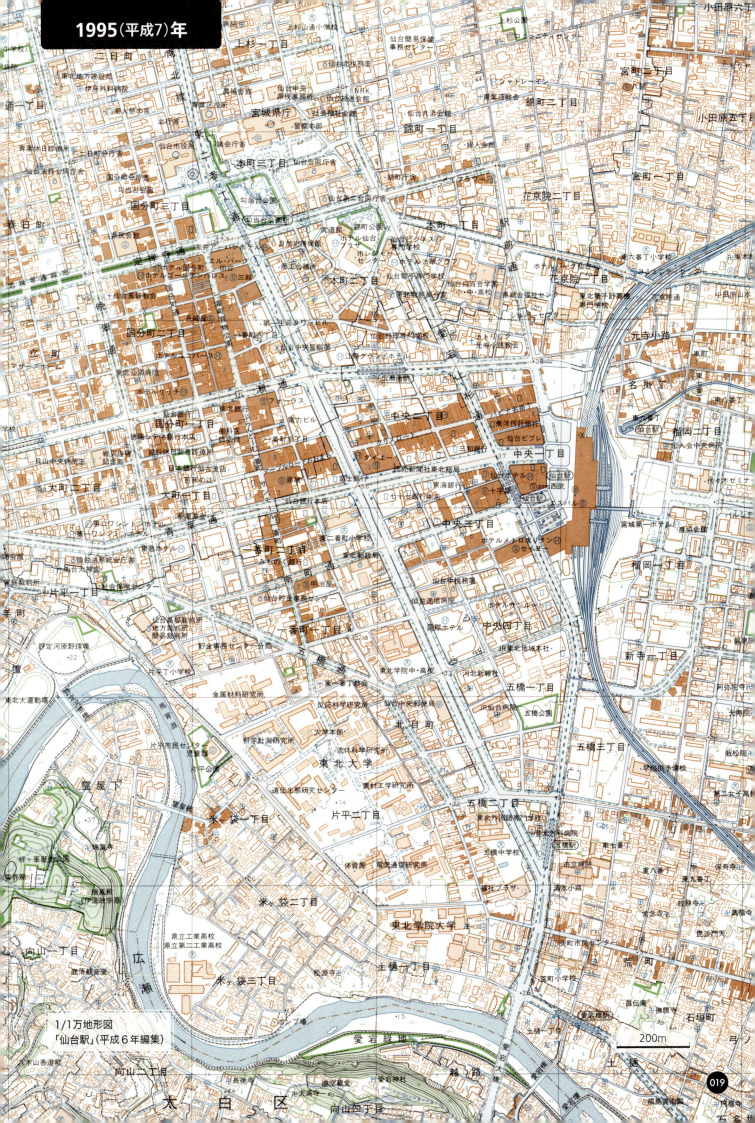

1947(昭和22)年

1/2万5千地形図
「仙台東北部」「仙台東南部」「仙台西北部」
(昭和21年修正)、
「仙台西南部」(昭和22年資修)

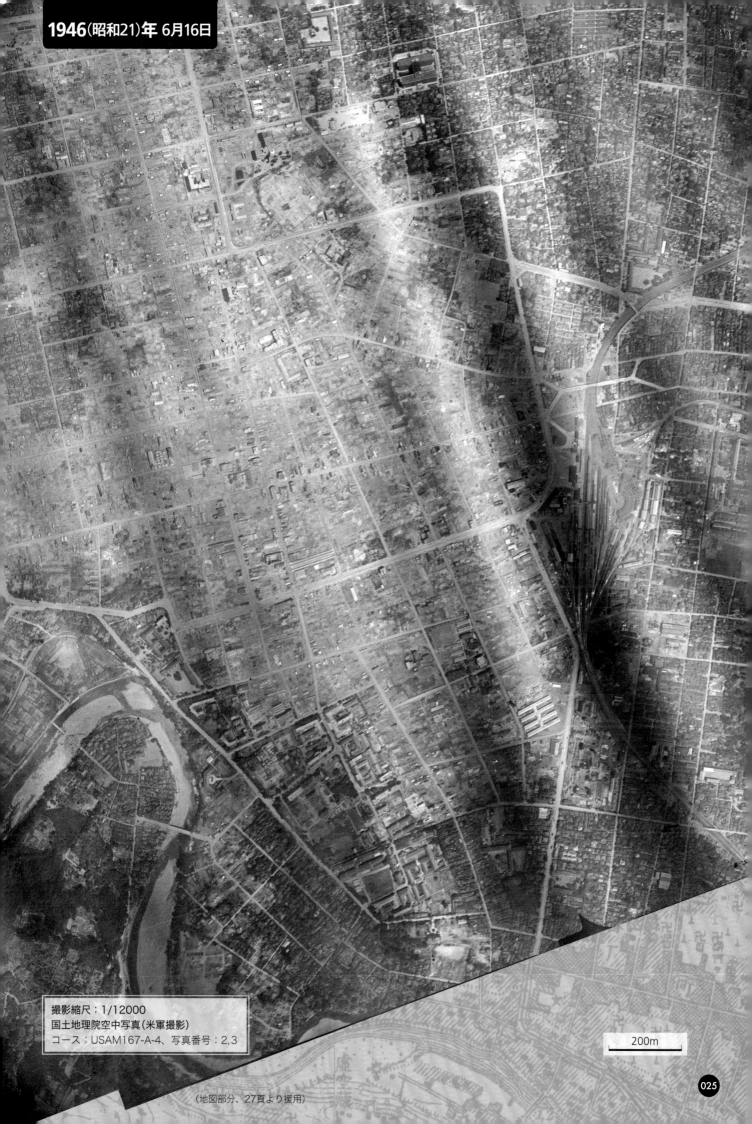

さいたま ［浦和］ SAITAMA

さいたま市の浦和地区は、中山道とその宿場・浦和宿を中心に形作られた街。1869（明治2）年に浦和県が発足した際に浦和県庁が置かれ、1871（明治4）年に埼玉県が発足して以来、埼玉県庁が置かれた県都として発展してきた。

市区町村としての浦和は、1889（明治22）年に浦和町が成立し、1934（昭和9）年に浦和市が成立した。そして、2001（平成13）年に大宮市・与野市と合併して、さいたま市となり政令指定都市移行、浦和市は廃止された。旧浦和市の範囲は、現在のさいたま市浦和区・南区・桜区・緑区・中央区の各区に渡っている。

浦和地区の地形は、大宮台地の南端部にあたり、台地の縁には樹枝状の大小の谷・谷戸が多く発達しており、大谷場・太田窪・谷田などの谷戸を表す地名も多い。中山道を下る旅人は、蕨宿を過ぎてから浦和宿に至る途中の坂を上りきったあたりで、江戸を振り返り見たかもしれない。

この地域は、1945（昭和20）年4月と5月に局所的空襲を受けたが、大規模空襲には罹災しなかった。そのため、浦和の街並みは、江戸～明治期を引き継いだまま現在に至っていると言える。旧中山道から、県庁西側の国道17号が昭和戦前期に整備され、1967（昭和42）年には、さらに西側に新大宮バイパスと、南北の道路が町の骨格となっている。

また、浦和は、その名を冠した駅名が多いことでも知られている。東北本線には、北浦和（1936［昭和11］年）・浦和（1883［明治16］年）・南浦和（1961［昭和36］年）の各駅が開業していた。1973（昭和48）年に営業を開始した武蔵野線に、東浦和・西浦和の2駅が開業。1985（昭和60）年の埼京線開業によって、武蔵浦和・中浦和の2駅が開業した。1971（昭和46）年の地形図では、浦和中心市街地南側に武蔵野線の線路が「建設中の鉄道」の記号で表わされていることがわかる。武蔵野線は、地形的に台地・谷戸・低地を通っているために、トンネルや掘割、高架橋などが見て取れる。

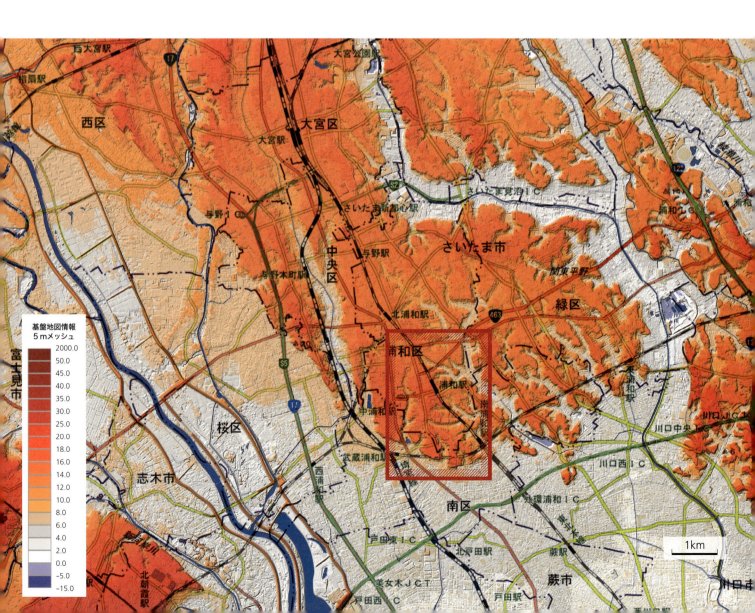

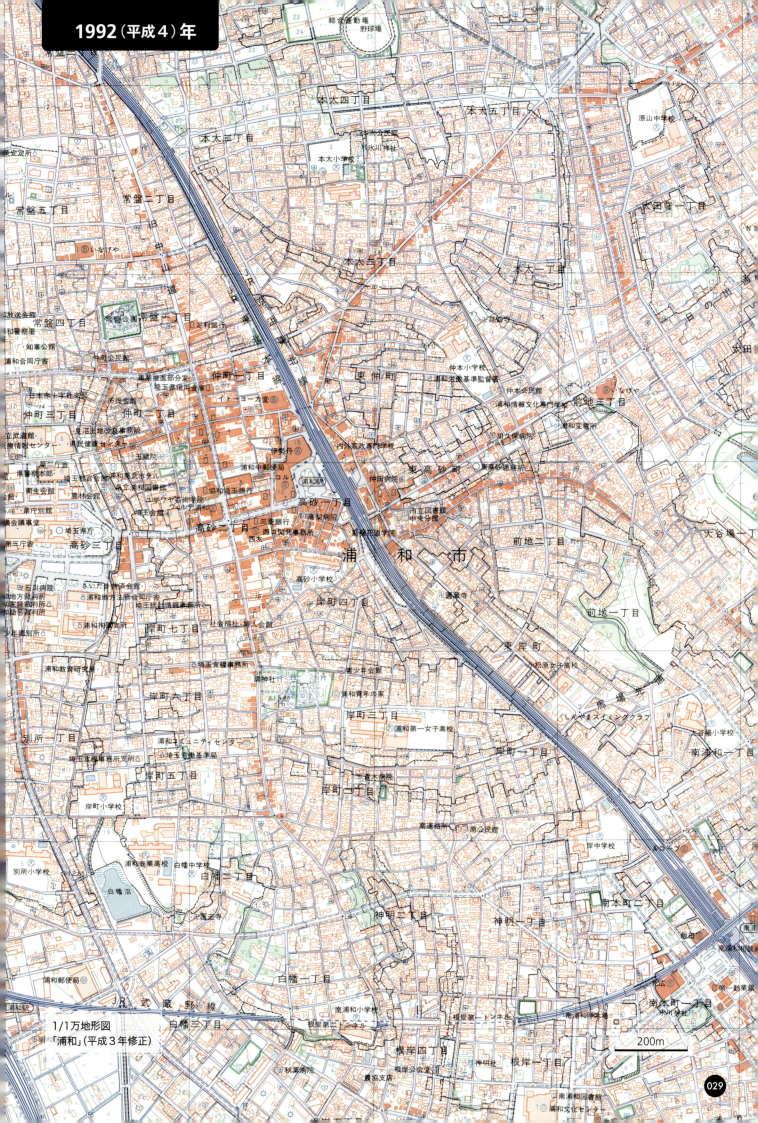

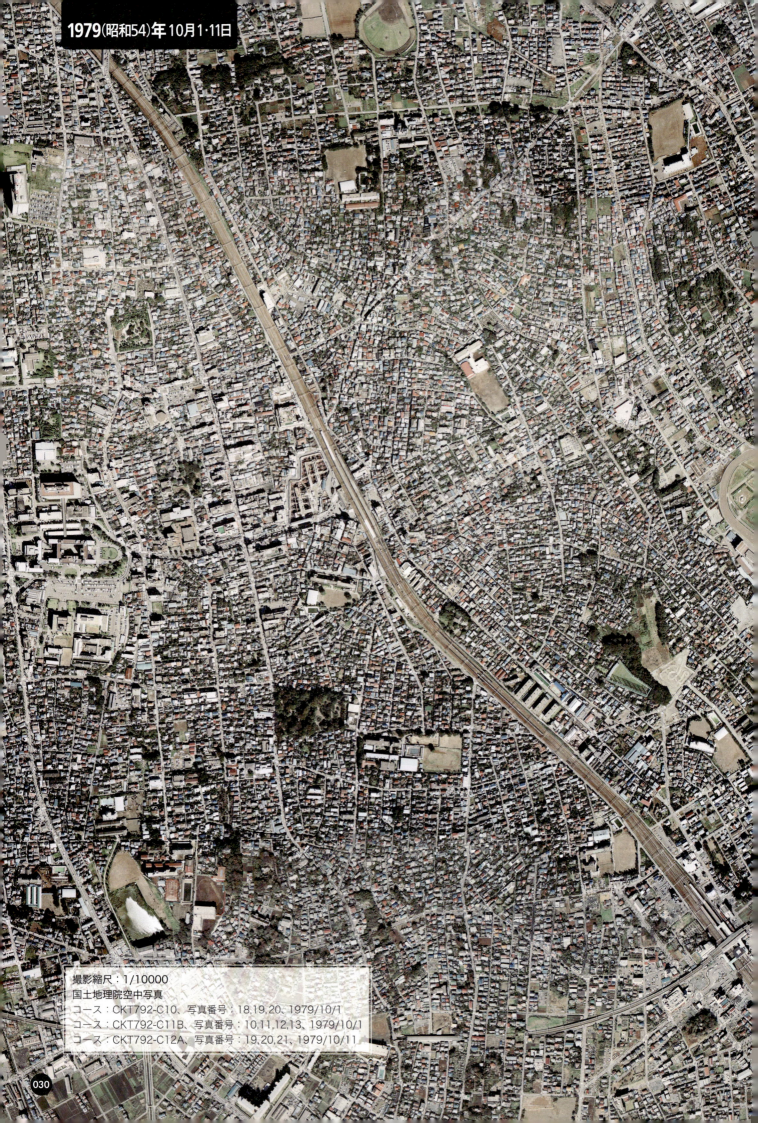

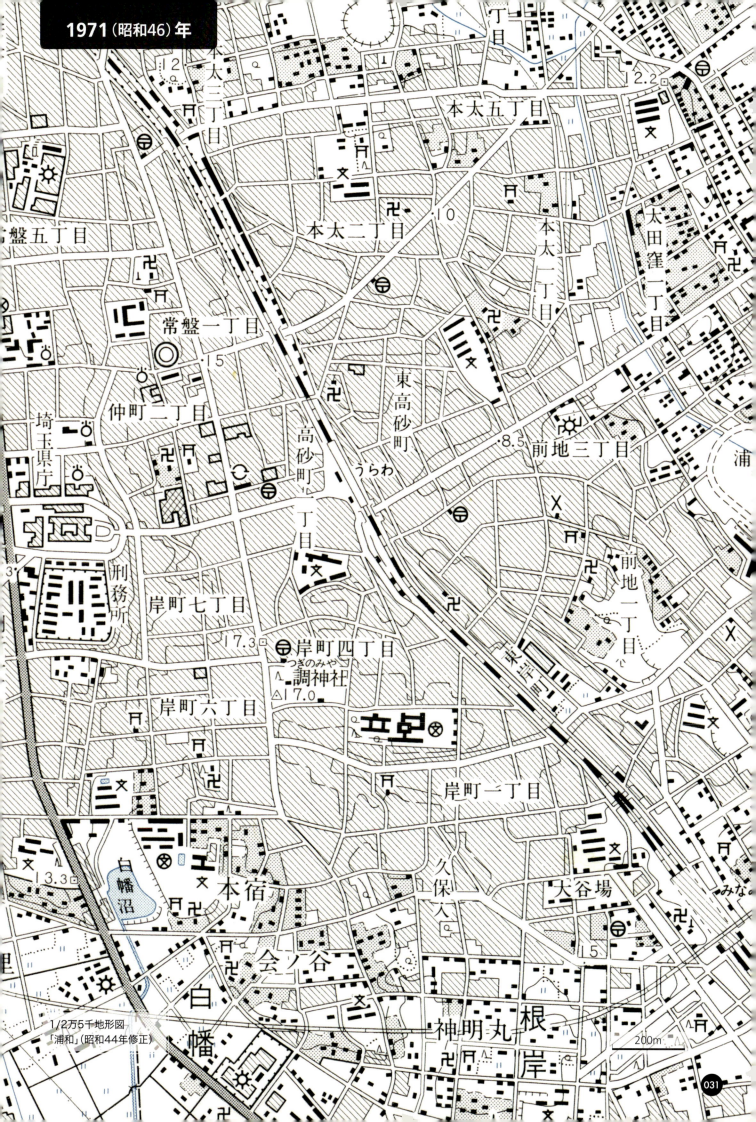

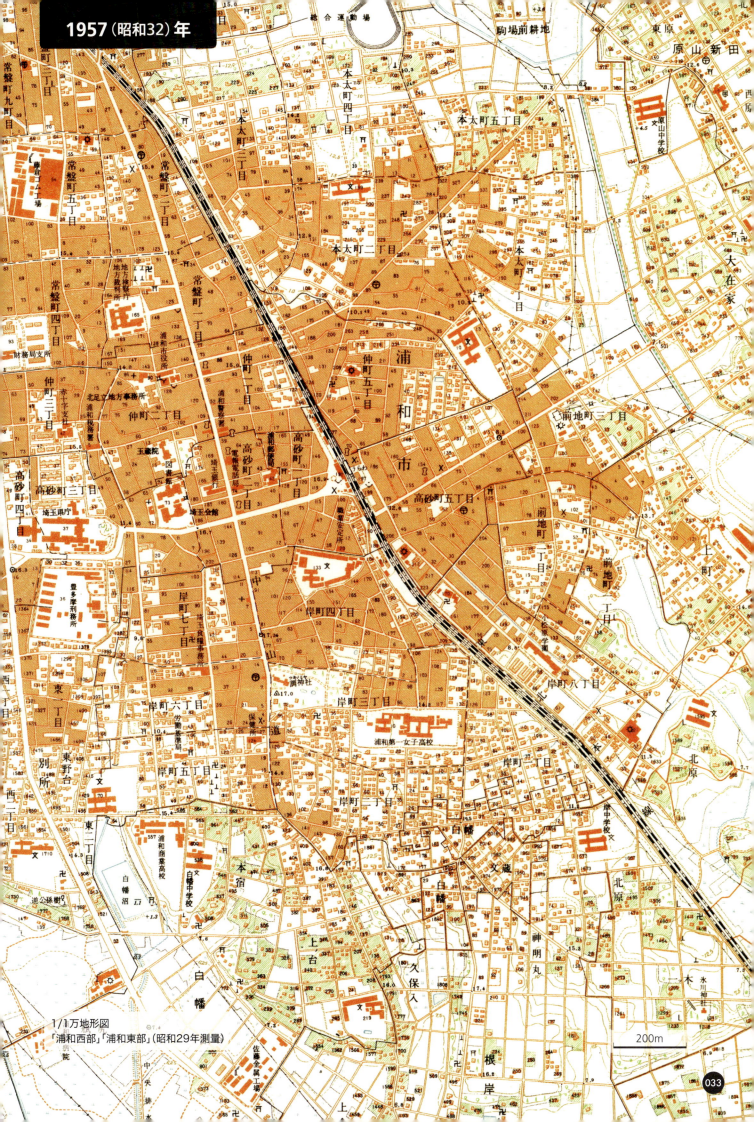

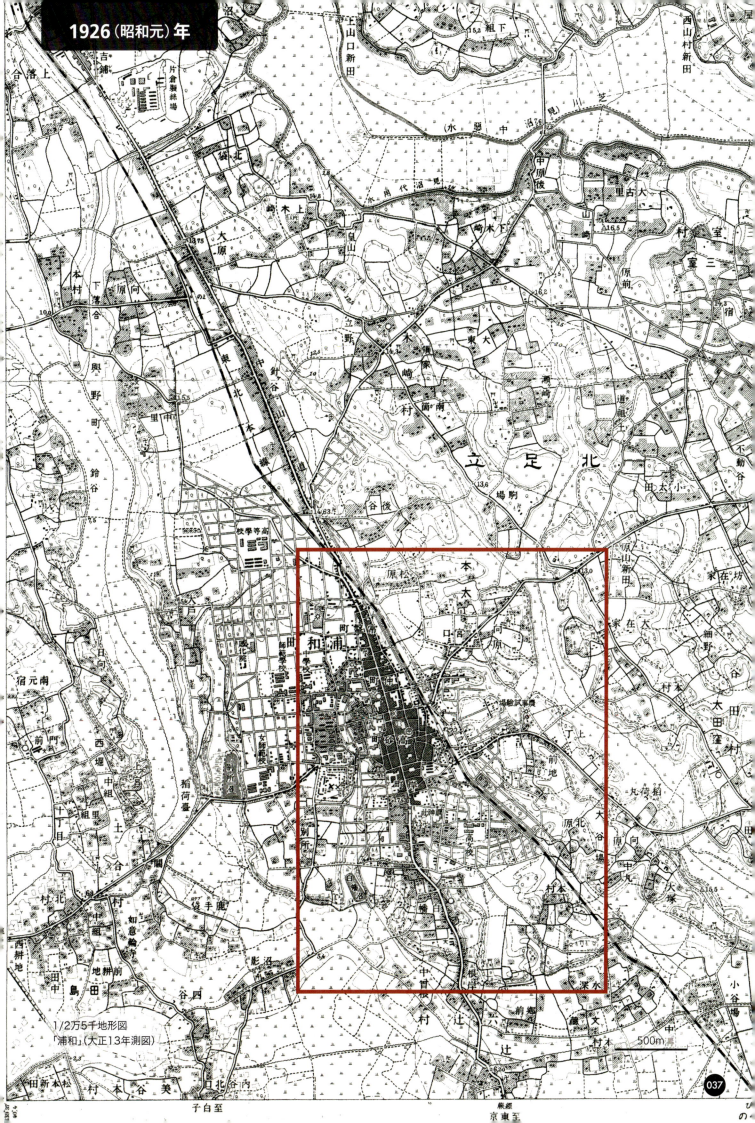

1926（昭和元）年

1/2万5千地形図
「浦和」（大正13年測図）

千葉 CHIBA

　下総台地の谷戸からの水を集めて流れる都川が、東京湾に注ぐ河口部の低地に千葉の中心市街地は広がっている。下総台地は、おおよそ旧下総国の範囲に広がる台地で、標高は約20〜40m、表層を関東ローム層が覆っている。

　千葉は、平安時代後期に下総の豪族・千葉氏が本拠地とし、図中の亥鼻にも城館が築かれていた（現在の千葉大学亥鼻キャンパス周辺）。

　千葉市中心市街地北部の台地上には、多くの軍事施設が設置され「軍郷千葉市」ともいわれていた。そのために、大規模な空襲にもさらされることとなった。大規模空襲は1945（昭和20）年6月10日と7月7日の2回。この空襲で中心市街地の約7割が罹災した。1945（昭和20）年8月18日の空中写真によれば、空襲の被害は都川を境として北部に集中している。これは都川が防火帯の役割を果たしたものと思われる。

　戦後、1950（昭和25）年制定の国土総合開発法により、京葉工業地帯が整備され始める。

　それまで、千葉市周辺の海食崖下には、汐干狩や海水浴場として人気のあった遠浅の海が広がっていた。その海を埋め立てた土地に、機械・金属・食料・電力・製油・化学などの工場群が林立することとなる。地図と空中写真からも、埋め立ての様子がよくわかる。

　千葉駅は、東京方面からの総武線と内房線・外房線の結節点でもあり、京成線も接続している。当初、国鉄の千葉駅は、現在の東千葉駅寄りの位置にあり、東京方面から内房方面を結ぶ直通列車は、千葉駅でスイッチバックしていたが、1963（昭和38）年に現在の位置に移転してスイッチバックは解消された。1961（昭和36）年の空中写真までは、千葉機関区の扇形庫が写っている。

　また、1921（大正10）年の開業時から1958（昭和33）年まで、京成線の千葉駅は、現在の中央公園付近の位置にあり、国鉄よりも中心市街地への便が良い立地であった。京成千葉線は、観光も開業目的のひとつとされ、国鉄よりも海側を走り、海水浴客や汐干狩を楽しむ行楽客でにぎわっていた。1958（昭和33）年に、京成千葉駅を現在の千葉中央駅の場所に移転し、1967（昭和42）年には、国鉄千葉駅前駅（現在の京成千葉駅）が開業した。

　図中、東端の「田」の字の形をした建物は、1936（昭和11）年竣工の千葉大学医学部（旧付属病院）で、戦災を免れ現在に伝わる貴重な建築遺産でもある。

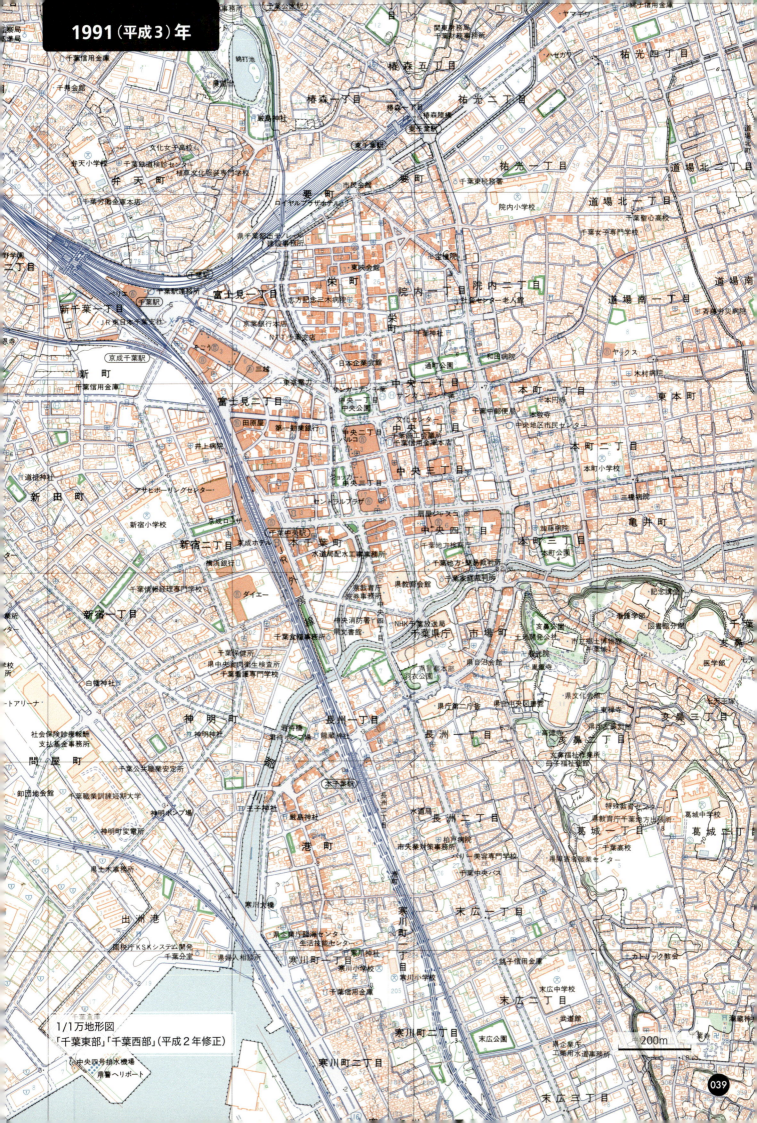

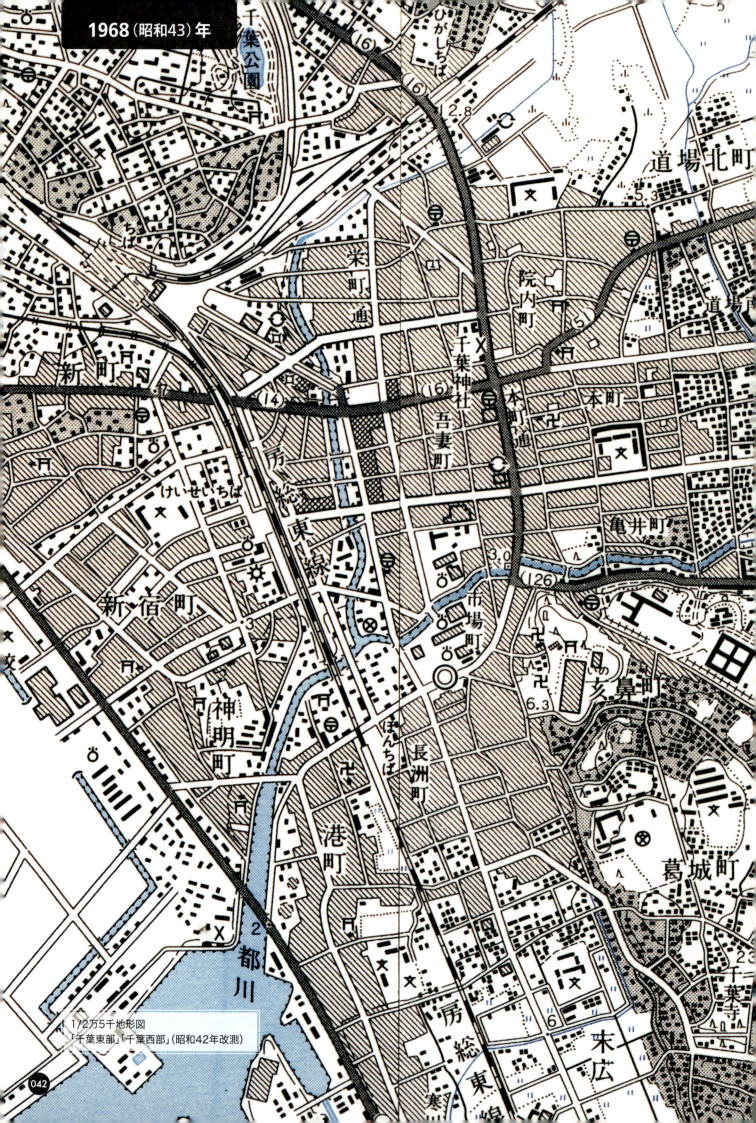

1968(昭和43)年

1/2万5千地形図
「千葉東部」「千葉西部」(昭和42年改測)

1932（昭和7）年

1/1万地形図
「千葉」（昭和4年修正）

1945（昭和20）年 8月18日

終戦直後の千葉中央市街地。空襲によって中心市街地の約7割が焼失した。被害は都川よりも北部に集中している。

この後の千葉市復興計画によって、国鉄千葉駅、京成千葉駅、国鉄本千葉駅の移転などが行われた。

撮影縮尺：1/10000
米国立公文書館所蔵米軍撮影空中写真
コース：312BG-5M230-Z5-5VV
写真番号：244ab, 246ab

上野 UENO

　武蔵野台地東端部の上野台と東京低地にまたがる上野周辺。JR上野駅は崖線上にあり、在来線のホームは2層構造になっており、「高いホーム」と「低いホーム」と車内アナウンスでも位置によって呼び分けられている。

　不忍池は、古石神井川の河口部にあった汽水湖であったと考えられている。江戸初期の僧・天海は、上野台を比叡山に、それにともなう不忍池を琵琶湖に見立てた。そして、琵琶湖の竹生島の代わりに、弁天島を築いたのである。弁天島をつなぐ道は、明治初期は1本であったが、その後、2本になったり、4本になったり変化している。おそらく上野で開催された内国勧業博覧会などの大規模な行事の際に手を加えられたのではと推察している。1947（昭和22）年8月8日撮影の写真では、戦後の食糧難ゆえであろうが、耕作地・おそらくは田圃になっていることもわかる。

　上野一帯は、空襲によって焼失したことが、1945（昭和20）年4月2日撮影の写真でわかる。これは、1945（昭和20）年2月25日の雪降る日中の空襲と、1945（昭和20）年3月10日の東京大空襲などの複数回の空襲による罹災の結果である。上野駅から御徒町駅にかけては、2月25日の罹災地で、戦後の闇市を経て、現在のアメ横になっている。

1945（昭和20）年2月27日

撮影縮尺：1/10000
コース：3PR-21BC-5M058、写真番号：3R

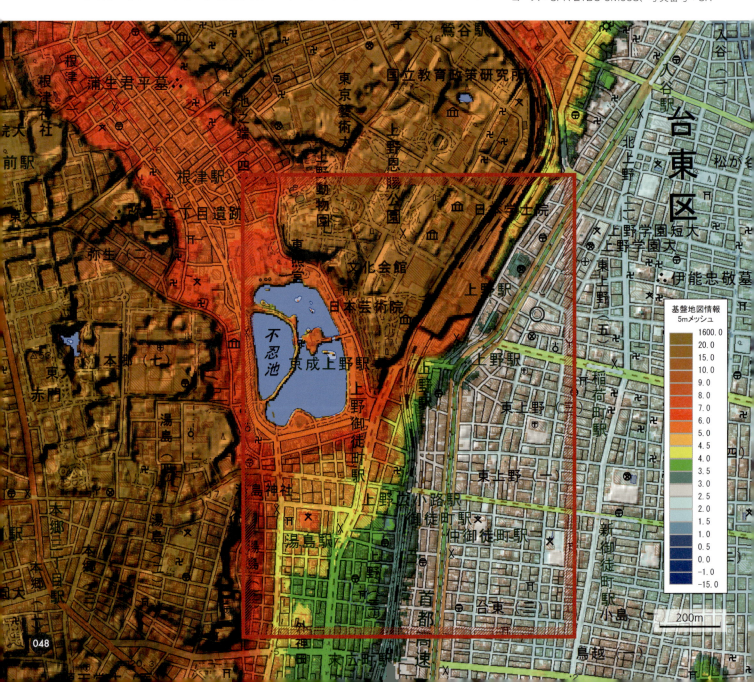

1/1万地形図
「上野」(昭和12年修正)

1/1万地形図
「上野」(大正14年部修)

秋葉原 AKIHABARA

「世界有数の電気街」にして現代日本文化の発信地の秋葉原は、神田川のほとりにある。秋葉原付近の神田川は、江戸初期に江戸市中開発の一環として、御茶ノ水付近を開削し、隅田川に通じさせた人工の川。そのため、万世橋から東側の神田川は、直線水路として物流を担ってきた。秋葉原駅の東側にも、昭和30年代ごろまで堀留があったことが、地図と空中写真からわかる。

秋葉原駅は、開設当初は貨物駅・秋葉原貨物取扱所であった。この堀留によって舟運と東北・信越方面への鉄道輸送の結節点になっていた。旅客営業は、1925（大正14）年に上野〜東京間の高架線が開業と同時に開始された。そして、1932（昭和7）年に、総武本線・御茶ノ水〜両国間が開業し、秋葉原駅は乗り換え駅となった。

また、この周辺で大正期に多くの旅客が利用していたのは、東京市電との接続点であり、中央線の起終点の時期もあった万世橋駅であった。中央線が東京駅に延伸し、1923（大正12）年に関東大震災で駅舎が焼失したことなどから、利用者が減少した。1936（昭和11）年に東京駅から鉄道博物館（後の交通博物館）が移転。駅舎は解体縮小され、1943（昭和18年）年に万世橋駅は休止となった。駅舎の一部は交通博物館に転用されたが、2006（平成18）年に閉鎖され、全て取り壊された。

1945（昭和20）年3月10日の東京大空襲により、秋葉原駅周辺も焼失した。その中で、神田須田町の一角は、焼失を免れた。神田川や靖国通りが防火帯となり、北西の季節風による延焼を食い止めたのであろう。現在でもこの周辺には戦前からの建物が残っている。戦後、神田須田町地区の闇市では真空管やラジオ部品など電子部品が販売され、のちに総武本線ガード下に集まったことが、現在の電気街の基となった。

当初、神田淡路町にあった神田青果市場は、1928（昭和3）年に秋葉原駅西北隣接地に移転。鉄道と舟運の利便性も移転の理由だった。長らく青果市場の別名である「やっちゃ場」と呼ばれ親しまれたが、秋葉原の再開発によって1990（平成2）年に大田市場へ統合、閉場となった。

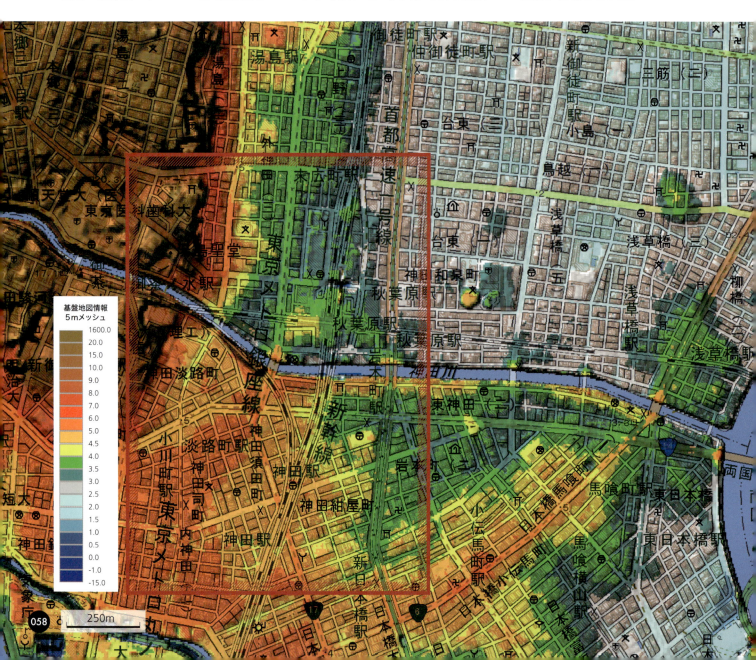

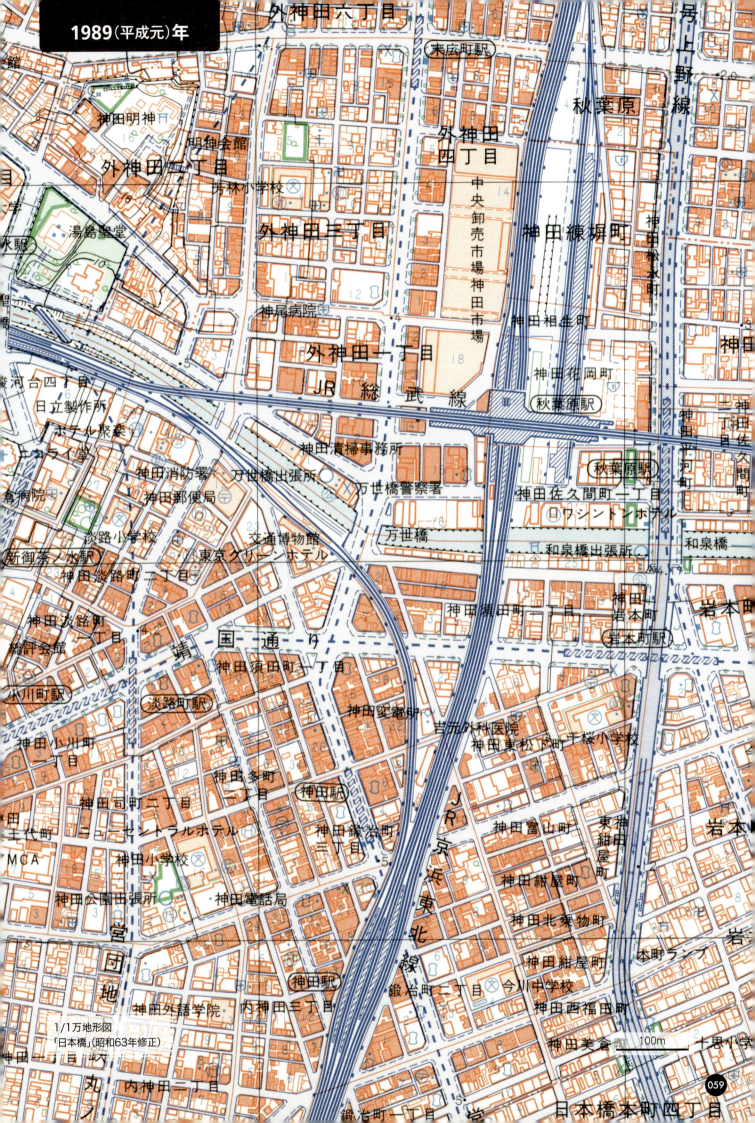

1959（昭和34）年

1/1万地形図
「日本橋」(昭和31年二修)

1/1万地形図
「日本橋」(昭和12年修正)

1926（大正15）年

1/1万地形図
「日本橋」（大正14年部修）

銀座 GINZA
丸の内 MARUNOUCHI

　銀座中央通りは、日本橋から延びる東海道である。東海道・銀座中央通りは微高地上を走っており、その微高地は江戸前島と呼ばれている。日比谷周辺は、現在でもやや低くなっているが、江戸初期までは平川（現在の神田川）の河口で入江になっていた。昭和通り沿いが、江戸初期の海岸線にほぼ相当し、それより海側は江戸期に埋め立てられた土地で、築地へと続いていく。

　外堀通りは、その名のとおり江戸城の外堀。他にも、京橋が架かる京橋川、京橋川につながる南北の三十間堀などの水路が発達していた。

　1944（昭和19）年12月13日に撮影された写真には、戦前の街並みが写され、外堀には材木などが浮かんでいるのが見える。この後、1945（昭和20）年3月10日の東京大空襲により、この一帯はほぼ全焼する。戦後、1948（昭和23）年3月29日に撮影された写真では、外堀の鍛冶橋よりも北側が埋められているのは、戦災の瓦礫処理によってである。1959（昭和34）年の地形図では、三十間堀も埋め立てられている。これは、銀座の瓦礫処理を急ぐようにとのGHQからの命令を受けて、三十間堀へ瓦礫処理をしたためである。1948（昭和23）年から1949（昭和24年）年の間に埋め立てられ、三十間堀は消滅した。

　1963（昭和38）年に撮影された写真では、外堀が全て見えなくなり、京橋川の上まで道路が延びている。1964（昭和39）年の東京オリンピックに合わせた開発の一環で、東京高速道路が整備されたため。

　丸の内には、1889（明治22）年に東京府庁が置かれ、1898（明治31）年には東京市庁舎が府庁舎内に開設された。1943（昭和18）年に、東京市と東京府が廃止され、庁舎は初代・東京都庁舎となったが、その後に戦災で焼失する。戦後、東京都庁舎が1957（昭和32）年に落成。長らく都庁と言えば丸の内であったが、建物の老朽化・狭隘化などにより、1991（平成3）年に新宿に移転した。都庁跡地は、現在、東京国際フォーラムとなっている。

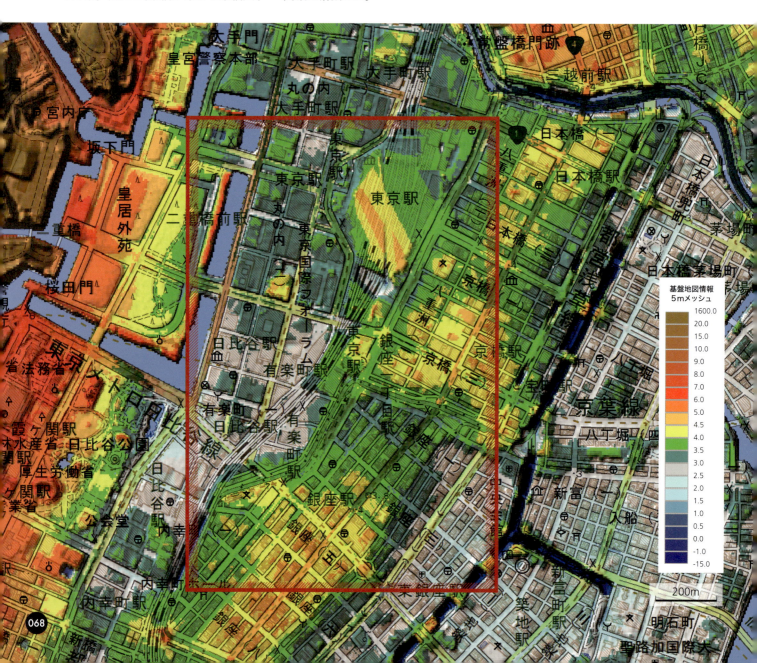

1975(昭和50)年 1月20日

撮影縮尺1/8000
国土地理院空中写真
コース：CKT7415-C28A、写真番号：45
コース：CKT7415-C29A、写真番号：44

1959（昭和34）年

1/1万地形図
「日本橋」（昭和31年二修）

1940(昭和15)年

1/1万地形図
「日本橋」(昭和12年修正)

新宿 SHINJUKU

　山手線の駅の中でもっとも標高が高いのは、新宿駅。その地形の特徴がゆえに、玉川上水が江戸市中に向かう流路となり、淀橋浄水場が置かれることとなった。

　1926（大正15）年の地形図では新宿御苑が白塗りになり、1940（昭和15）年の地形図では淀橋浄水場と新宿御苑が公園風に描かれているのは、いずれも戦時改描（軍事的に重要な施設を、地形図上に偽って表現したこと）によるもの。主要施設や皇室関係の敷地など、敵国に知られないように地図を改ざんしたのである。心もとない線で描かれているのが、地図作成者のわずかばかりの抵抗であったように思える。そのような小手先の努力も、米軍の偵察撮影の前には無力で、1945（昭和20）年5月17日撮影の写真には、淀橋浄水場と新宿御苑が明確に写し出されている。

　この一帯は、1945（昭和20）年4月から5月の空襲で焦土と化す。図中南部の明治神宮は、4月13日の空襲で本殿をはじめ主要な建物が焼失している。また北部の歌舞伎町一帯も既に焼失していることも見える。この写真は、4月13日の空襲の攻撃評価であるとともに、5月25日の山の手大空襲の事前偵察にもなっていると思われる。また、この写真からは、甲州街道や小田急線に沿って建物疎開が行われていることもわかる。

　1945（昭和20）年8月15日の終戦から、わずか3日後の8月18日から新宿駅東口には露天マーケットが開かれた。これはいわば、日本最初の闇市である。1947（昭和22）年11月28日撮影の写真には、長屋状の建物が新宿駅東口に見える。

　淀橋浄水場は、1960（昭和35年）年に東村山浄水場が竣工・通水したことで、徐々に移転が進み、1965（昭和40）年に廃止される。その跡地は、新宿副都心計画の中核とされ、1971（昭和46）年の京王プラザホテル建設を皮切りに200mを越える超高層ビルが建設されていく。1989（平成元）年の地形図では建設中となっている東京都庁舎が、1991（平成3）年に開庁して、おおよそ現在の副都心の街並みとなったのである。

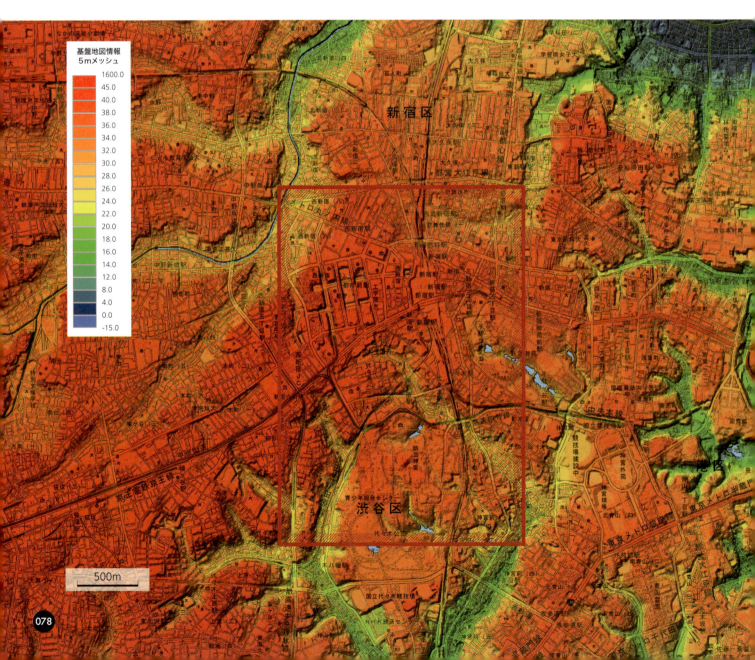

渋谷 SHIBUYA

　二つの谷が合流する位置に渋谷駅はある。東の谷が、渋谷川の本流であり上流は新宿御苑に至る。西の谷は、町名にもなっている宇田川であり、その上流の支流には河骨川がある。童謡「春の小川」は、作詞者・高野辰之の旧宅が河骨川の近くにあり、その流れの情景を歌ったとされている。

　図中北部の、代々木体育館やNHKの敷地は、太平洋戦争終戦までは代々木練兵場であった。1940（昭和15）年の地図で、梨本宮邸と代々木練兵場の注記が書かれていないのは、戦時改描によるもの。

　1945（昭和20）年5月17日撮影の写真では、宮益坂・道玄坂・国鉄沿い・東急玉川線・渋谷川沿いなどに、白く空地ができている。これは、建物疎開によって作られた防火帯である。このような防火帯跡に戦後の闇市ができることが多くあり、渋谷にも駅周辺に闇市が存在していた。

　この一帯は、1945（昭和20）年5月25日夜間の山の手大空襲によって焼失した。東京への大規模組織的空襲は、山の手大空襲以降は行われていない。この空襲後の1945（昭和20）年5月28日に撮影された写真から米軍は、東京に対して十分な損害を与えたと判断したためと思われる。

　戦後、GHQに接収された代々木練兵場は、ワシントンハイツとしてアメリカ軍の将校及びその家族用住宅となった。1961（昭和36）年、東京オリンピックの選手村・競技場用地となることが決定し、東京オリンピック開催年の1964（昭和39）年8月にワシントンハイツの返還が完了した。1963（昭和38）年撮影の写真では、代々木体育館・渋谷公会堂などの建設工事が始まっていることがわかる。同じく、1963（昭和38）年撮影の写真では、図中南部に、首都高速と国道246号が工事中であることもわかる。

　東京オリンピック以降、渋谷の街は、高層化・地下化が進んでいく。路面を走っていた東急玉川線は、1969（昭和44）年に廃止され、1977（昭和52）年に地下に新玉川線（現在の田園都市線）開通。その地上部には、首都高速3号渋谷線が建設された。

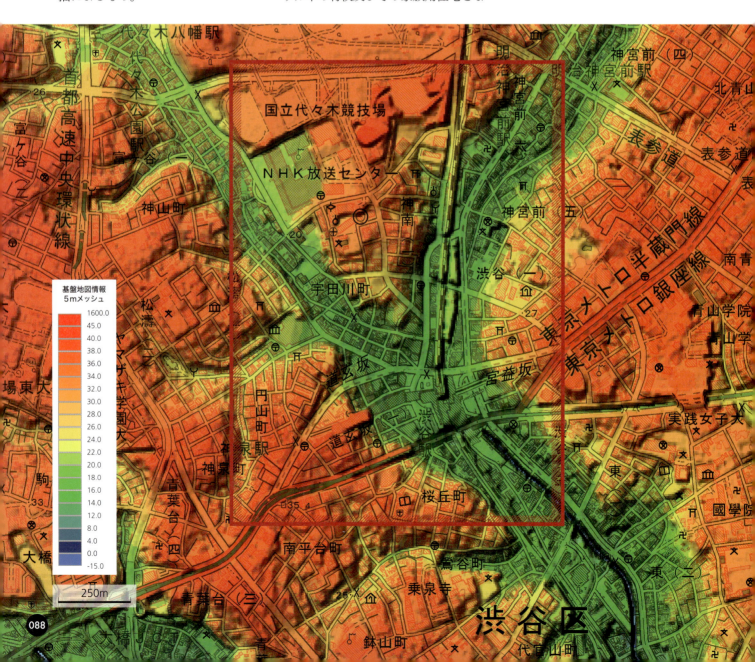

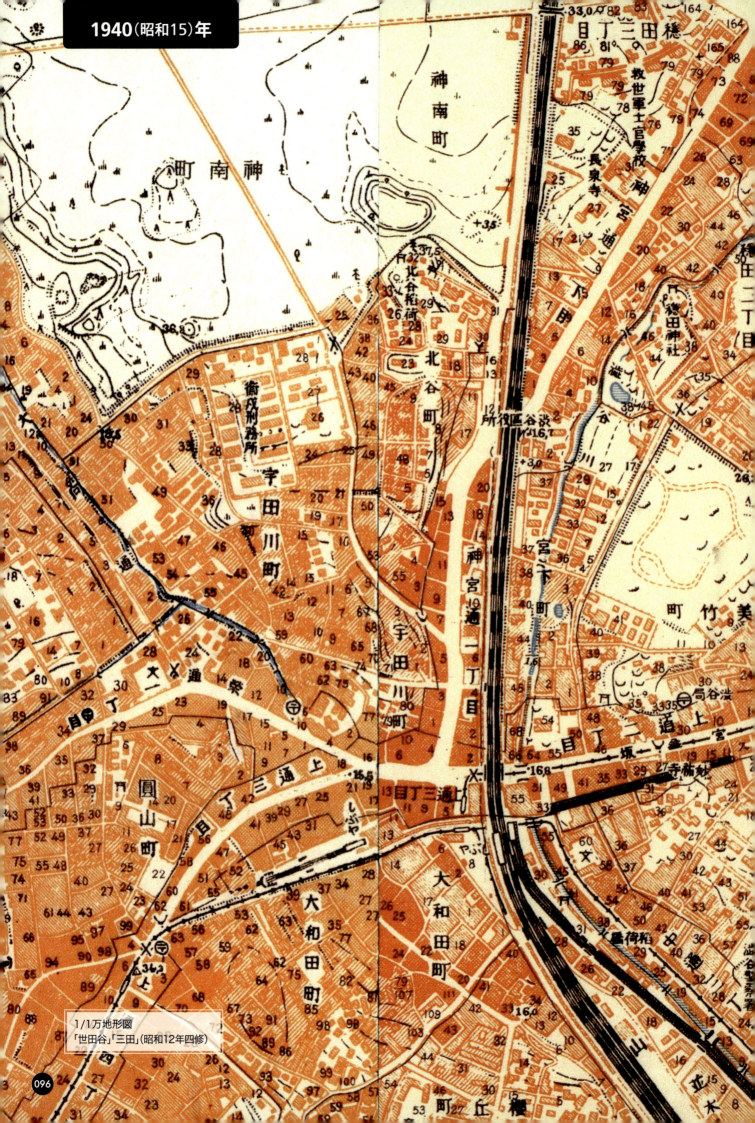

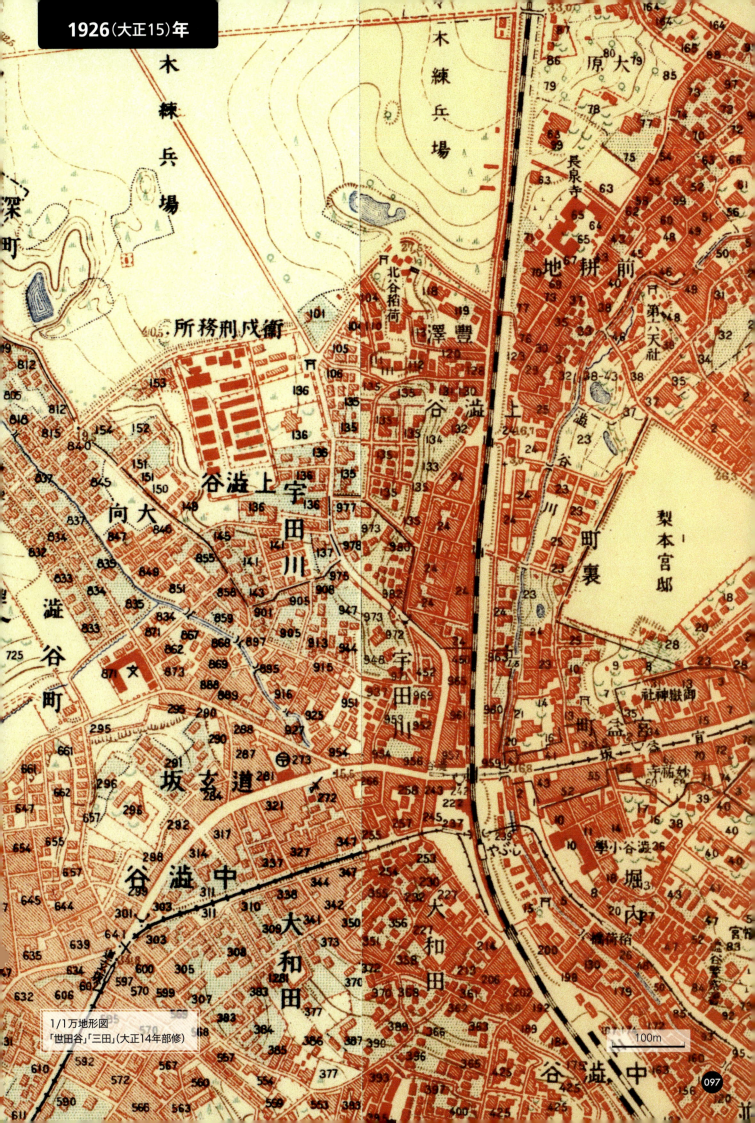

武蔵野 MUSASHINO

　武蔵野台地に位置する武蔵野市は、水とのつながりが深い。

　地形的には、武蔵野台地中を流れてきた地下水が、標高50m付近で湧出する位置にあり、図中の富士見池のほか、近くには井の頭池・善福寺池・三宝寺池などがある。これは武蔵野台地が扇状地構造をしているため。

　図中南部を流れる玉川上水は、江戸初期に江戸市中に飲料水を供給するため、全長約43kmが築かれた。玉川上水に代わる水源として整備された村山貯水池（多摩湖）と山口貯水池（狭山湖）から引き入れた水を浄化処理しているのが、図中南西部に見える1924（大正13）年に通水した境浄水場である。

1940（昭和15）年の地形図では、普通の池のように描かれているが、これは戦時改描によるもの。

　同じく、1940（昭和15）年の地形図では戦時改描によって畑地のようになっている「北多摩」の注記のあたりには、中島飛行機武蔵製作所が1938（昭和13）年に開設されている。航空機のエンジンを生産していたため、米軍の主要攻撃目標とされ、幾度も空襲を受けた。

　1958（昭和33）年発行の地形図には、1951（昭和26）年に開場した武蔵野グリーンパーク野球場（閉鎖中）とその乗客輸送のための武蔵野競技場線が描かれている。武蔵野競技場線は、翌1959（昭和34）年には廃止になったが、その跡が緑道になっていることは1984（昭和59）年の地形図からわかる。

空襲により炎上する中島飛行機武蔵製作所（撮影日不明）

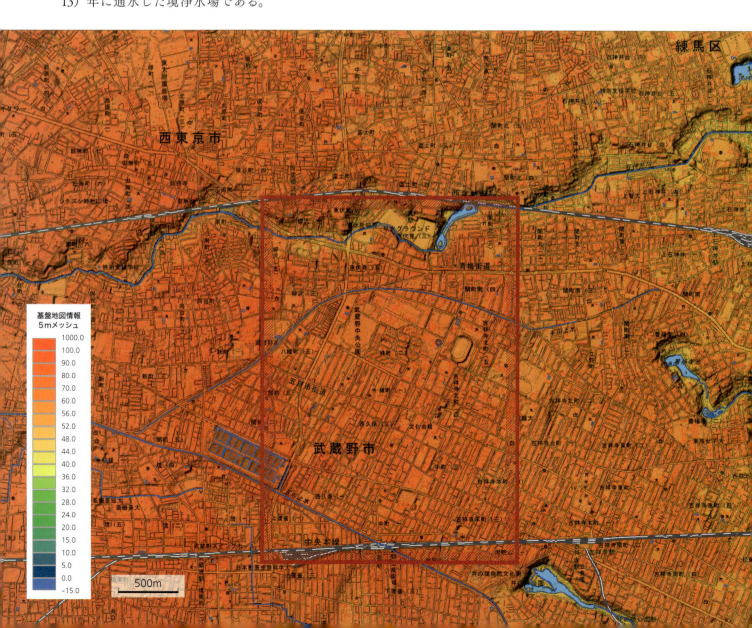

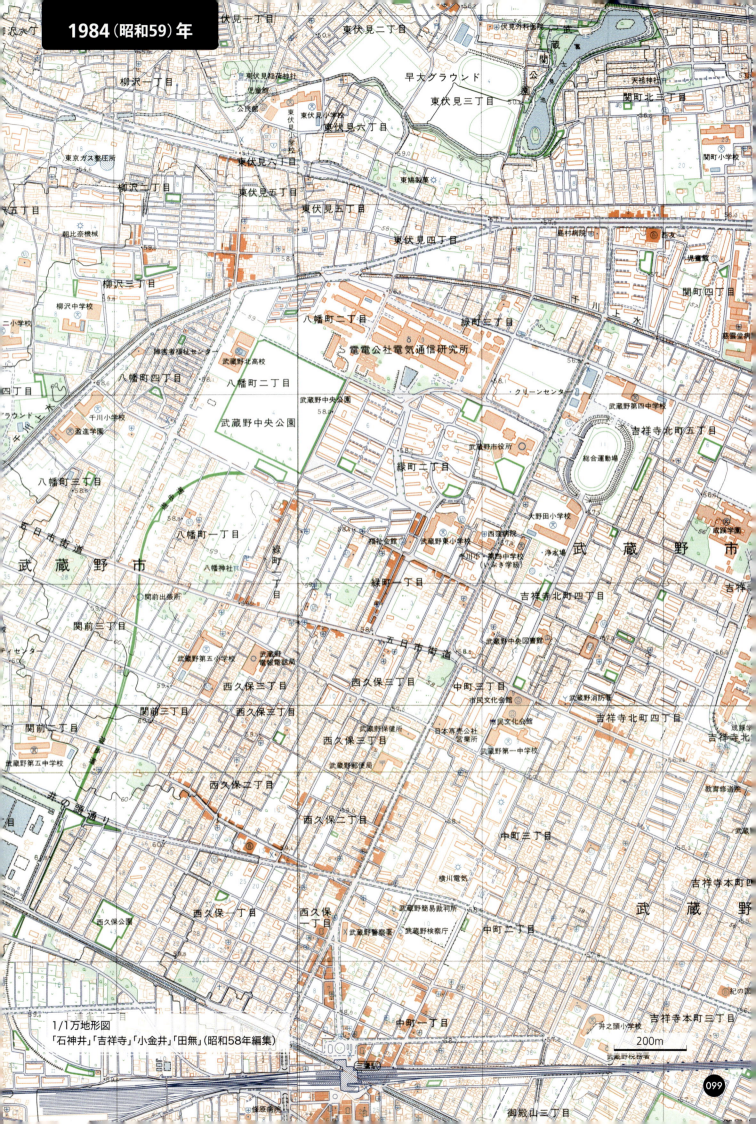

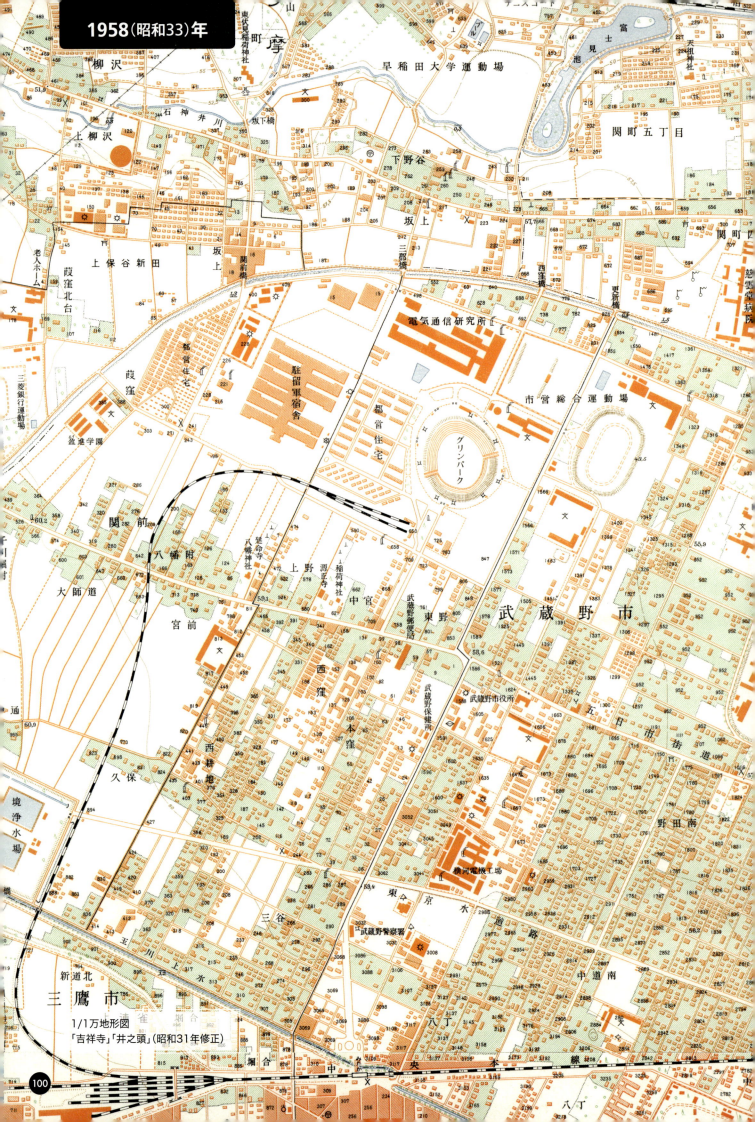

1940（昭和15）年

1/1万地形図
「吉祥寺」「井之頭」（昭和12年測図）

立川 TACHIKAWA

　立川市街地は、現在は市街地南部を流れる多摩川によって形成された立川面と呼ばれる平坦な段丘面上に広がっている。北側には、1653（承応2）年に築かれた玉川上水が東西に通されている。玉川上水の一部が南側にたわんでいるように見えるところは、立川断層による高低差を乗る越えるために迂回した部分。立川断層は、図中を概ね北西−南東に横切っているとされる活断層。北東側が相対的に隆起する断層で、将来マグニチュード7.4程度の地震が発生すると推定されている。

　図中北部を東西に通る五日市街道沿いには路村が、周辺には新田集落が広がる武蔵野に、甲武鉄道・立川駅ができたのは、1889（明治22）年。

　1922（大正11）に陸軍の立川飛行場が設置されてから、立川陸軍航空工廠や陸軍航空技術研究所などの軍事施設、立川飛行機や日立航空機などの軍需工場が立ち並び、立川は軍事拠点となっていく。1944（昭和19）年11月7日撮影の写真では、多くの航空機や、円形の土塁に囲まれた高射砲陣地が写っている。工場の屋根がまだらなのは迷彩塗装で、大きな建築物ではないように偽装したものだが、効果があるようには見えない。立川駅北口付近は、建物疎開が実施されて空地になっている。その後、数次に渡る空襲で、多くの被害を受けたのである。

　終戦後、立川飛行場は米軍により接収され立川基地となり、立川は基地の街となった。1950（昭和25）年勃発の朝鮮戦争や1965（昭和40）年から本格化したベトナム戦争などの出撃拠点となった。立川基地の機能は1969（昭和44）年に停止、1977（昭和52）年には米軍が横田基地に移転し、立川基地は全面返還された。1974（昭和49）年撮影の写真は、返還直前の様子である。

　その後、立川広域防災基地、立川市役所、陸上自衛隊立川駐屯地、国営昭和記念公園などが整備されていく。

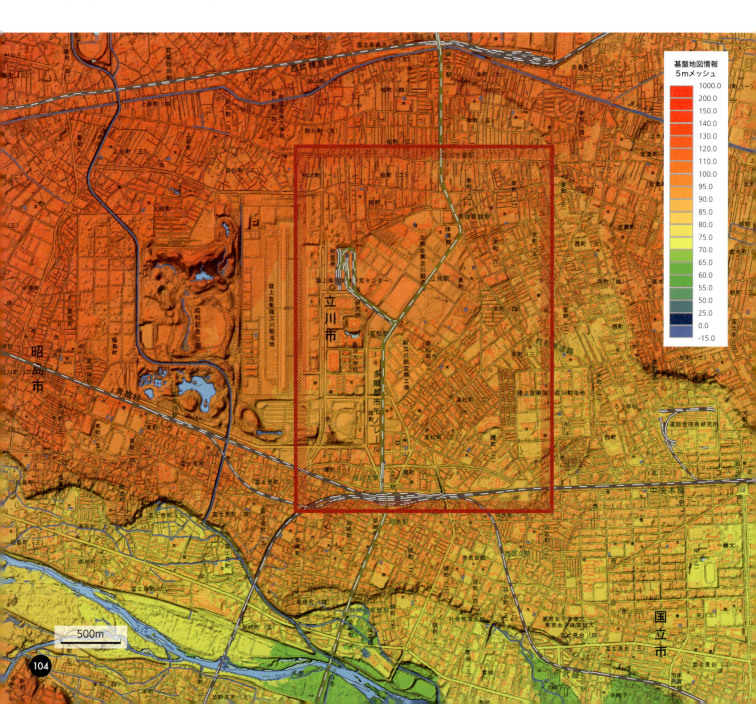

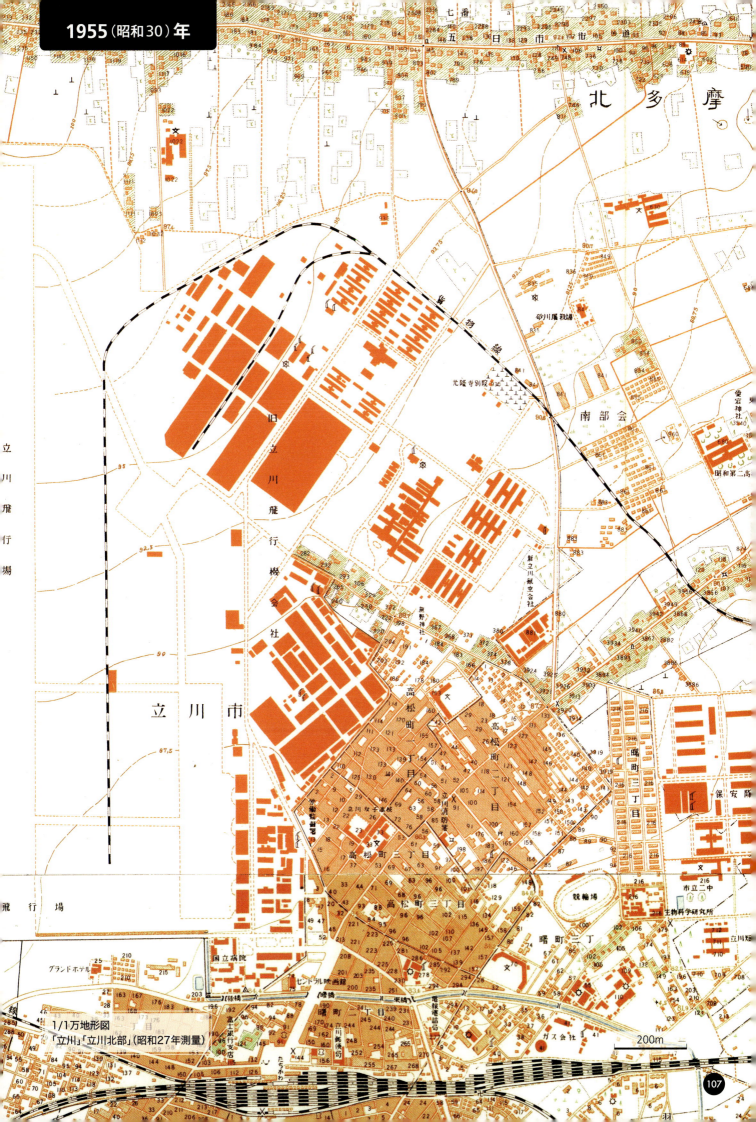

八王子 HACHIOJI

八王子市街地は、八王子盆地の平坦部分に位置する。八王子盆地には、図中北部を流れる浅川及びその支流が流れ、その河岸段丘上に中心市街地がある。周辺には、谷戸が樹枝状に発達した起伏に富んだ多摩丘陵が広がっている。多摩丘陵は、1950年代から宅地開発が進み、図中でも南部へ宅地が広がっている。丘陵地の宅地開発では、切土と盛土の地盤が混在し、良好とは言えない場合もある。図中南部の湯殿川は、著しく蛇行していたが、川幅も狭く洪水がたびたび発生していたため、1940（昭和15）年から直線化・拡幅等の改修工事が行われている。

八王子市域は、関東平野の勢力の西端の要所で、後北条氏による八王子城が築城されたのが、1587（天正15）年頃。その後、徳川氏によって1600（慶長5）年、甲州街道甲州口に八王子千人同心が置かれ、宿場町としても栄えた。

一帯では絹織物・養蚕業が盛んで「桑都（そうと）」とも呼ばれた。江戸末期から輸出用の生糸が運ばれた八王子と輸出港・横浜を結ぶ道は、「絹の道」とも呼ばれた。東京都域では、東京市に次いで1917（大正6）年に市制を施行した市でもある。

中央線八王子駅は、甲武鉄道として1889（明治22）年を開業し、新宿と結ばれた。甲武鉄道は、1906（明治39）年に国有化された。

1945（昭和20）年8月1日深夜から未明に、八王子は大空襲を受けた。約2時間にわたる空襲で八王子市街地の約80％が焦土となり、近隣の町村でも被害を受けた。1945（昭和20）年4月24日撮影の写真には、空襲前の密集した町並みが遺されている。約2年半後の1947（昭和22）年11月14日撮影の段階でも、まだ空き地が目立っている。

図中南部を東西に走る京王電鉄高尾線は、大正天皇の墓地・多摩御陵への参拝路線として1931（昭和6）年に開業した御陵線が元になっている。戦争中に運行が休止された御陵線の一部は、多摩丘陵に開発した宅地へのアクセス路線として、1967（昭和42）年に京王帝都電鉄の北野～山田間が復活した。

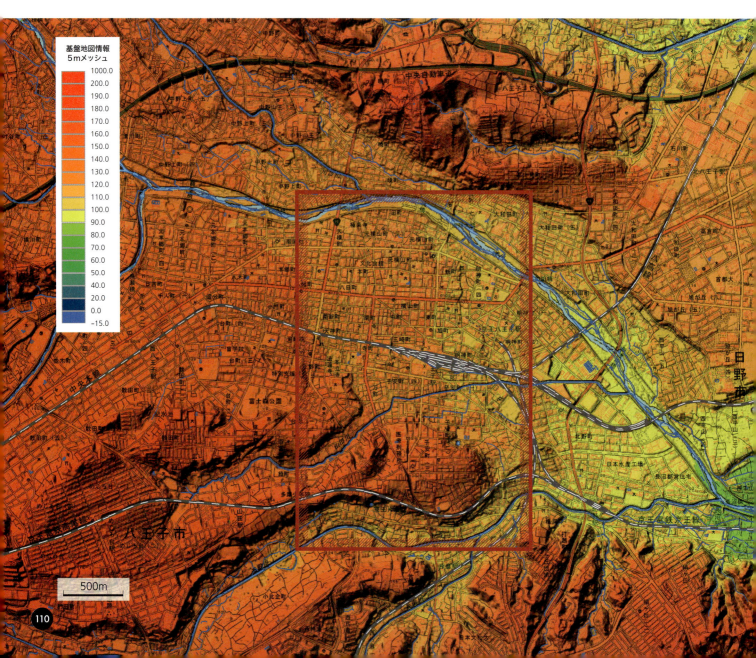

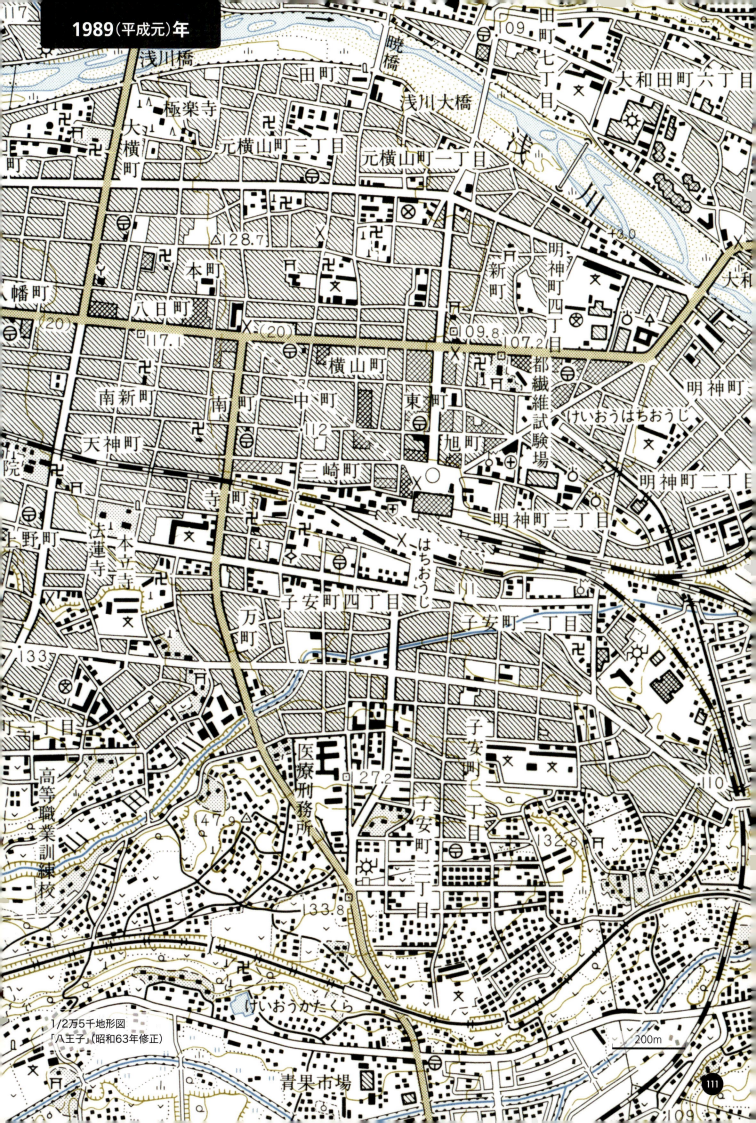

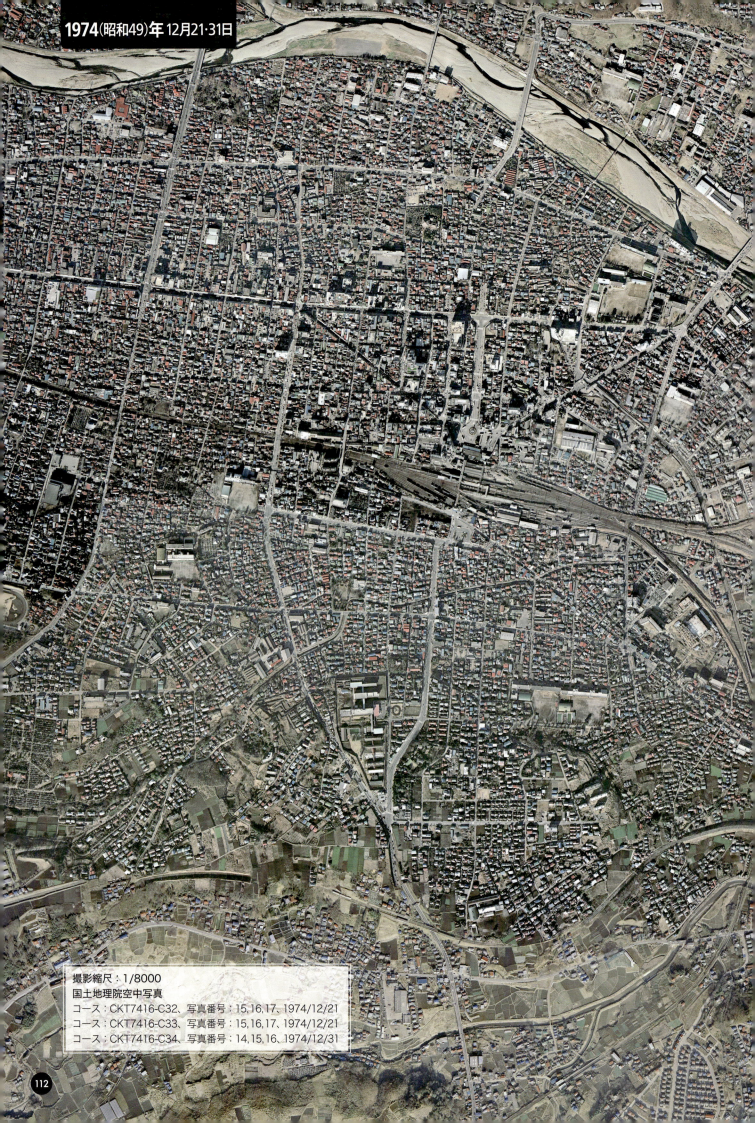

1955(昭和30)年

1/2万5千地形図
「八王子」(昭和29年資修)

横浜 YOKOHAMA

　横浜は、1859（安政6）年の開港を機に、寒村から日本を代表する港湾都市へと劇的に変貌する。

　日本大通りがとおる微高地は砂嘴を成しており、横に浜が伸びている様子から地名がついたとされている。現在の大岡川と中村川に挟まれた一帯は、この砂嘴で海との入口を限られた入江であった。その入江は、江戸期に吉田勘兵衛によって埋め立てられ、吉田新田として整備された。中華街が、他の街区と向きが異なるのは、この開拓時の変遷の名残である。

　中村川下流部（昭和期の地形図では堀川との注記も）・元町と中華街の間は、開港によって外国人居留地となった横浜関内地区を出島化するために掘り抜かれたもの。

　横浜は、1923（大正12）年9月1日の関東大震災によって、壊滅的被害を受ける。地震の直接的被害に加え、直後に発生した大火災は大岡川と中村川に挟まれた横浜主要部全域に延焼した。1923（大12）年の地形図は、1922（大11）年に測量された関東大震災前の資料である。1932（昭和7）年発行の地形図部分のみ山下公園が存在するのは、関東大震災の瓦礫処理によって、1930（昭和5）年に開園したため。

　関東大震災からの復興を経た横浜であったが、その後再び大規模な被害を受ける。1945（昭和20）年5月29日の横浜大空襲の死者は1万名余とも言われている。空襲の罹災地域は、横浜中心市街地から、北は横浜駅から鶴見、南は本牧一帯まで及んでいる。

　戦後、米軍の占領拠点の一つとなった横浜は、多くの土地や建物が接収された。この占領期間中の1949（昭和24）年に落成したのが、当時は平和球場と言われていた、現在の横浜スタジアムである。それ以前からあった横浜公園球場は、米軍によってルー・ゲーリック・スタジアムとも呼ばれていたこともある。1977・1978（昭和52・53）年撮影の写真では、現在の横浜スタジアムが建設されている様子も見える。

　同じく、1977・1978（昭和52・53）年撮影の写真からは、首都高速神奈川1号横羽線の延伸工事も、大岡川跡に作られていることもわかる。その後、石川町JCTに連なる首都高速神奈川3号狩場線は、北東方向には1984（昭和59）年に新山下まで、南西方向には、1990（平成2年）に狩場まで、それぞれ延伸している。

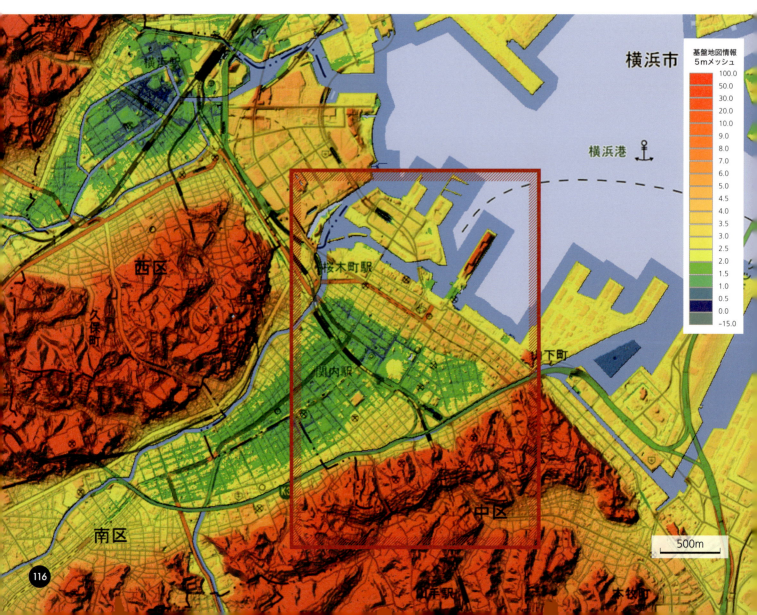

1945(昭和20)**年**4月17日

撮影縮尺：1/16000
米国立公文書館所蔵米軍撮影空中写真
コース：3PR-21BC-5M148-2V、写真番号：32ab, 33ab

200m

新潟 NIIGATA

　新潟市が位置する越後平野は、信濃川（河川長・日本最長）・阿賀野川流域（河川長・日本第10位）の2大河川の河口部に広がり、本州日本海側の平野としては最大の面積を有する。

　両大河川によって多くの堆積物が供給されるため、潟湖（ラグーン）や砂丘が新潟市街地周辺に発達している。新潟砂丘は長さ約70kmに及び、多いところでは10列、幅は最大で約10kmもあり、砂丘列の後背部には、潟湖や湿地が多く発達した。この低湿地帯は、水害が頻発し、湿田（沼田）での耕作には多大な労力を要するなどの問題点があったため、大規模な洪水対策と土地改良事業が行われた。

　洪水対策には、信濃川の分水路として、大河津分水（1922［大正11］年に完成通水、1931［昭和6］年に可動堰完成）と関屋分水（1972［昭和47］年に完成通水）が作られた。また、耕地整理・土地改良が実施され、1960年代には土地造成がなさた。並行して、大規模な干拓も行われ、多くの潟湖は耕地へと変貌した。

　信濃川左岸の新潟中心市街地は、萬代橋（1886［明治19］年架橋）によって、信濃川右岸・沼垂地区や新潟駅（1897［明治30］年設置）と結びついている。大河津分水によって信濃川の流量が減った萬代橋周辺では、埋め立てが行われた。1931（昭和6）年と1935（昭和10）年の地形図を比較すると、萬代橋上流部では川幅が半分以下になっており、1945（昭和20）年5月25日撮影の写真からは、萬代島が陸続きになっていることがわかる。

　新潟市街地に大規模な空襲はなかったが、それは原爆の候補地だったからでもある。米軍は、新潟港の封鎖を目的とした機雷投下を行い、船の触雷は戦後まで続く。結果、戦後には、水路の確保のために、触雷した沈没船処理と流れをせき止め堆砂した川の浚渫、浮遊する機雷の掃海が行われた。1946（昭和21）年には、いずれの作業も行われていた時期にあたる。

　1964（昭和39）年、新潟に転機が訪れる。6月6日から11日に開催された第19回国民体育大会・新潟国体のために、陸上競技場などが新築・改修され、市内の中小の堀が埋め立てられた。次いで、国体閉幕直後の6月16日にマグニチュード7.5の新潟地震に襲われる。津波・火災も発生し、広範囲に液状化を起こした。人的被害が少なかったのは、日中でもあり、市民の防火意識が高く大規模な火災を未然に防いだことが大きな要因。1962（昭和37）年撮影の写真と、1971（昭和46）年の地形図の間には大きな試練があったのである。

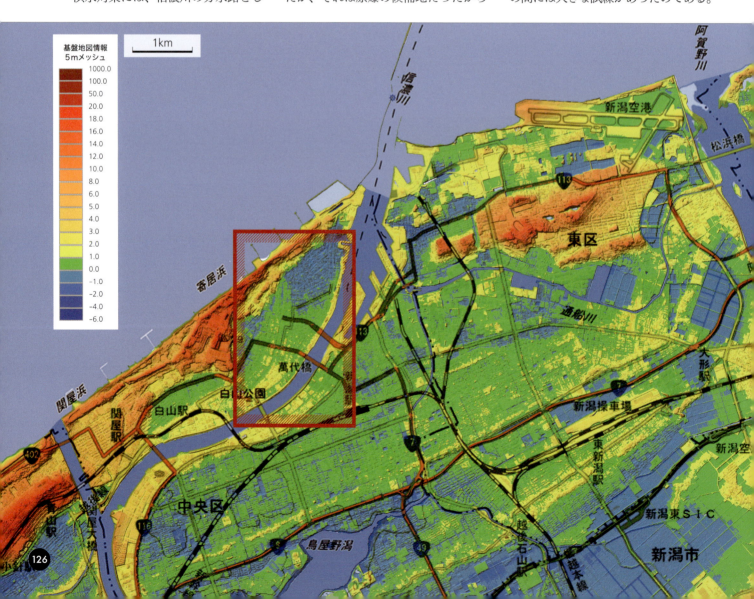

1931（昭和6）年

1/2万5千地形図
「新潟南部」「新潟北部」（昭和4年鉄補）

富山 TOYAMA

富山市は、北は富山湾、東は立山連峰、西は長さ約22km以上の活断層帯・呉羽山断層帯の西側が隆起してできた丘陵に囲まれ、南に田園地帯や森林が広がる。富山平野には北アルプスから富山湾にそそぐ神通川や常願寺川によって発達した扇状地が広がっている。安土桃山時代には佐々成政の、江戸時代には前田氏の支配下だった。

明治時代以降は、現在城址公園がある富山城一帯を中心に、市街地が発展していった。

中でも大きく町を変えたのは、明治時代の神通川改修工事である。図の左側に見える神通川は市中心部西側を流れているが、もともとは富山駅と富山城のあいだを東に大きく蛇行して流れ、たびたび水害を引き起こした。

その対策として、1901（明治34）年に、蛇行部分を短絡する分流路・馳越線（はせこしせん）の工事が完成した。徐々に馳越線の流路の流量が増え、本来の本流である蛇行部は水が流れなくなり、神通川廃川地となった。その跡は今も松川として残っている。

この馳越線を立案したのは、オランダ人の内務省技術顧問、ヨハネス・デ・レーケである。デ・レーケは、富山市街地東部の常願寺川についても視察し、治水計画を立て、工事を指導している。デ・レーケの日本滞在は30年間におよび、他にも、淀川の改修、木曽川の下流三川分流、大阪港・三国港・三池港等の築港計画などの数々の業績を上げている。

1931（昭和6）年から富岩運河の開削による掘削土で廃川地を埋立て、埋立地に県庁・放送局・中学校などの施設が建設された。

1945（昭和20）年8月1日深夜から2日にかけての富山大空襲は、3時間にわたってB-29・計174機が来襲し、12740発の焼夷弾により、2000人を越える人命が失われたほか、24,914戸が焼失し、焼失率は99.5％だった。一方で、周辺部の工場地帯への被害は少なかった。

戦後は復興計画により、富山駅から南に抜ける県庁線の道路幅を22mから36mに広げ、市内を横切る総曲輪線（そうがわせん）と交差させて市街地を四分割し、富山駅を中心に5方向から道路を集中させた。交通の便はよくなり、城下町から近代都市へと変貌していった。

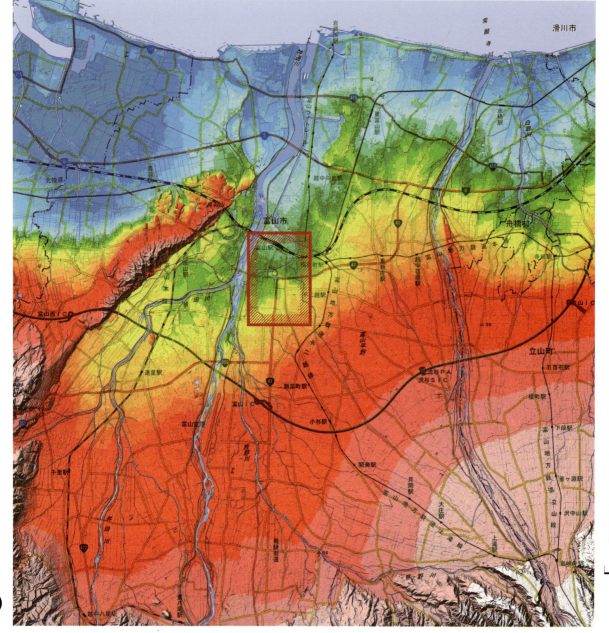
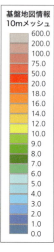

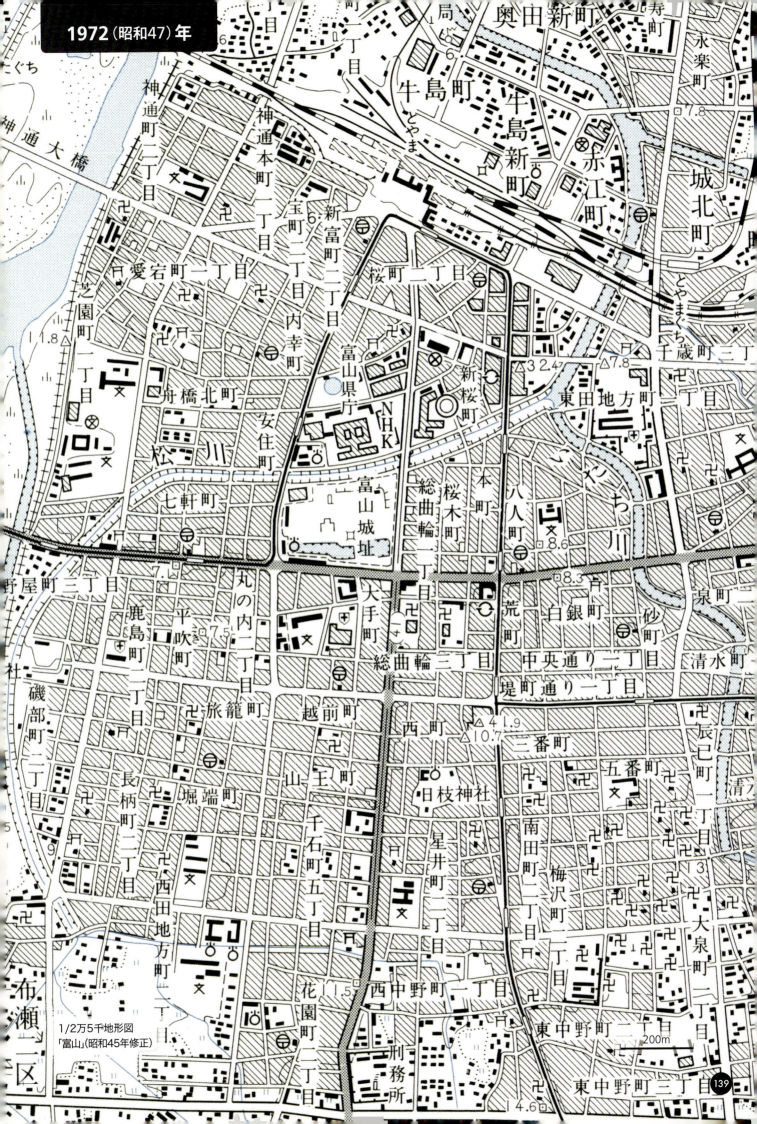

1955（昭和30）年
1/2万5千地形図「富山」（昭和30年資修）

1946(昭和21)年 7月22日

撮影縮尺：1/12000
国土地理院空中写真(米軍撮影)
コース：USA-M203-A-7、写真番号：85

1934（昭和9）年

1/2万5千地形図
「富山」(昭和5年修正)

1927（昭和2）年

1/2万5千地形図
「富山」（大正15年鉄補）

静岡 SHIZUOKA

　静岡市中心部は、西部に流れる安倍川が作った扇状地性の平坦地の上にある。伏流水・地下水にも恵まれており、現在も水道水源として利用されている。安倍川源流の大谷嶺の斜面は「大谷崩れ」とよばれ、日本三大崩とされており、安倍川は砂礫などの運搬・堆積作用が非常に盛んな川である。それは河口部が海に向かって凸形になっていることからもわかる。西部の有度山は、撓曲による丘陵であり、北部から西部にかけては有度丘陵断層という北東－南西方向に延びる南東側隆起の逆断層の存在が確認されている。

　静岡市街地は、駿府城の城下町であり、東海道の府中宿の宿場町でもある。図中北部の静岡浅間神社は、紀元前に鎮座した云われもある古社で、駿河国総社でもある。鎮座地の賤機山は、静岡の地名の由来でもある。

　国道1号線にほぼ沿って北東から下ってきた東海道は、静岡駅北部で駿府城を巻くように曲がり、七軒通りから新通りを経て安倍川へと向かう。

　駿府城は、徳川家康との縁が深い。3期に分けられる在城期間を合計すると、家康は生涯の3分の1を駿府で過ごしている。1期は今川家の人質時代11年間、2期は江戸に入部する前の4年間、3期は駿府で没するまでの10年間。駿府城は、典型的な輪郭式の平城であることは、現在の堀の様子からもよくわかる。ただし、本丸を囲む堀は埋められており、静岡県庁の位置は三の丸にあたる。往時、堀の水は安倍川から引かれていた。その安倍川を、藁科川と合流させて現流路に改修したのも、家康である。駿府城で1616（元和2）年に没した家康は、その遺志で有度丘陵の久能山に葬られ、東照宮に祀られた。

　駿府城跡は、明治期から陸軍省の管轄であったが、戦後・1949（昭和24）年に静岡市が払い下げを受ける。1989（平成元）年に復元された巽櫓が、1990（平成2）年の地形図に見える。その後、二ノ丸東御門・坤櫓も復元されている。

　静岡は、1945（昭和20）年6月19日深夜から翌20日未明にかけて大空襲を受ける。1945（昭和20）年6月21日撮影の写真は、この空襲の攻撃評価のための偵察写真である。駿府城跡から南側市街地は、ほぼ全域が白く焦土となった様子が写されている。

　1964（昭和39）年10月1日、東海道新幹線の開業にあたって、駅周辺に変化が見られる。

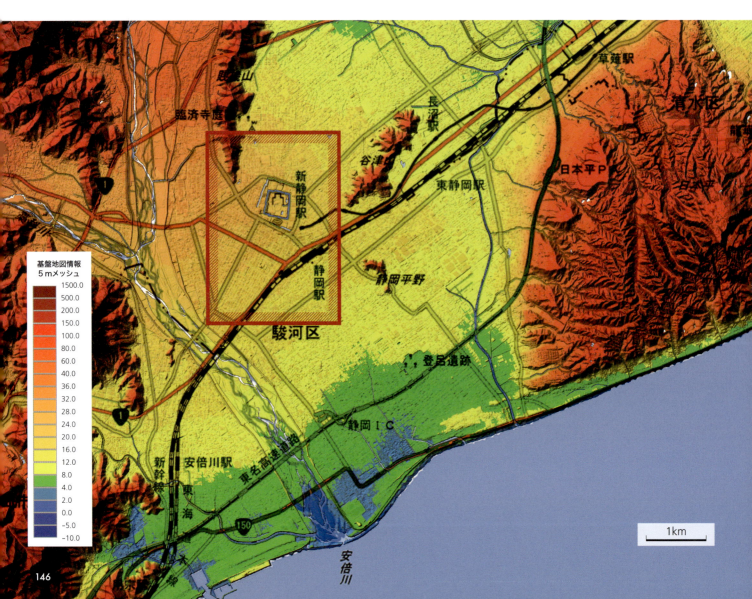

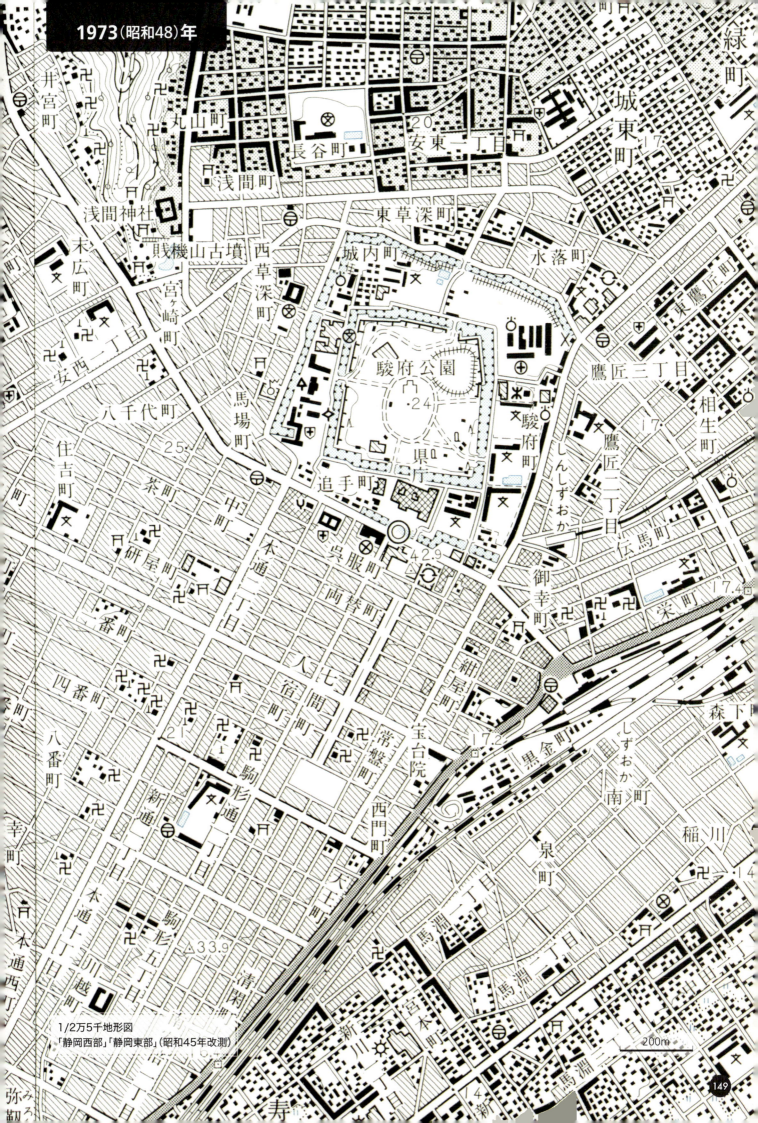

1932（昭和7）年

1/2万5千地形図
「静岡東部」(昭和5年部修)

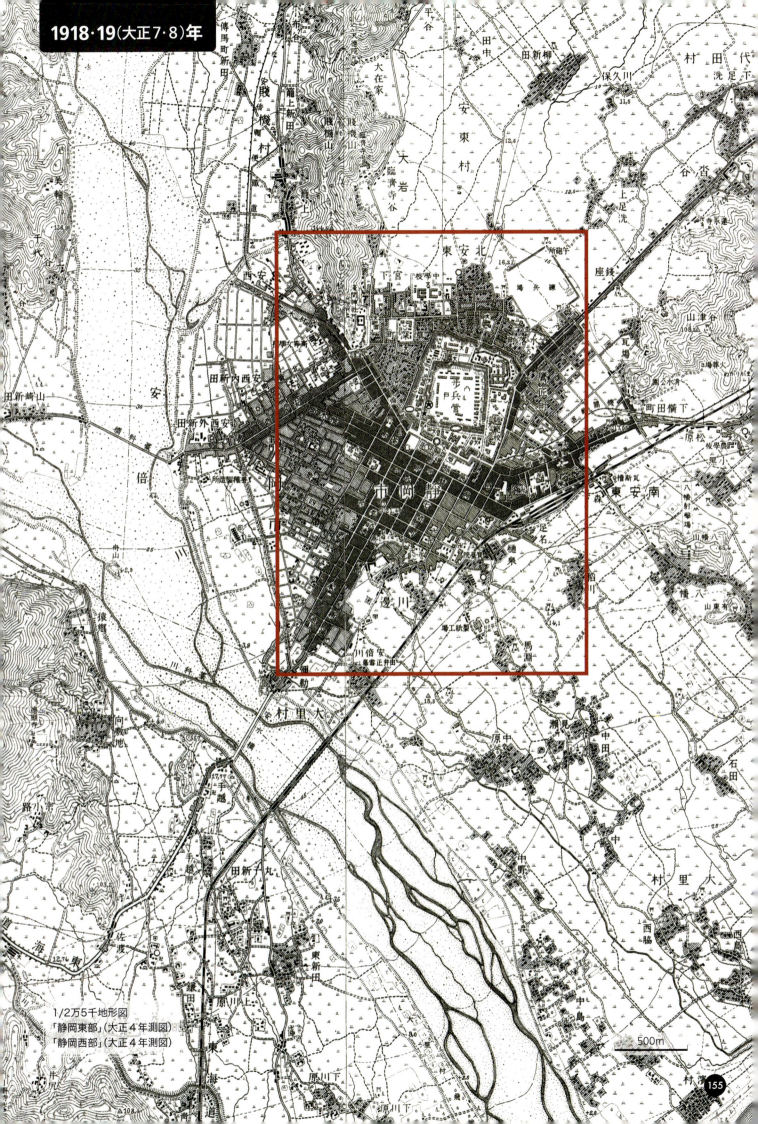

浜松 HAMAMATSU

　浜松市街地は、天竜川下流部の西側に位置し、地形的には低地部と台地部が遷移する位置にある。台地は、天竜川が作った扇状地で、三方原台地と呼ばれている。三方原台地は、天竜川を挟んだ東側に位置する磐田原台地とひと続きであったが、天竜川に開析されて二分された。この天竜川扇状地は、日本最大級の扇状地のひとつで、その伏流水は水道水源としても利用されている。三方原台地は、東縁を天竜川の河食により、南縁を海食により、それぞれ段丘崖を成している。武田信玄と徳川家康の間の三方ヶ原の戦いは、この台地上（現在の静岡県浜松市北区三方原町付近）で行われたもの。

　天竜川は、その両岸の低地部を網状に流れて、自然堤防や後背湿地などを形成し、遠州灘に多くの砂礫を供給し、海岸には中田島砂丘などの砂丘や砂州の地形を発達させている。海岸沿いの砂丘列の高まりの上には東海道線や国道などが敷設されている。

　浜松のシンボル・浜松城は、三方原台地東縁の段丘崖を利用した平山城。1520年代（大永年間）に置かれていた曳馬城を、徳川家康が改修して、1570（元亀元）年から、駿府に移る1586（天正14）年までの17年間在城した。江戸期、幕府の要職に付く大名が移封され、出世城といわれた。

　軍施設や軍需工場が多くあった浜松は、数次の空襲にさらされた。特に、1945（昭和20）年6月18日の浜松大空襲では、莫大な数の焼夷弾によって焼き尽くされ、約1万5千戸の家屋が全焼、多くのの死者を出すもっとも大きな被害を被った。1945（昭和20）年6月21日撮影の写真は、浜松大空襲の攻撃評価のための偵察写真であり、そこには焦土となった市街地が写されている。2年後の1947（昭和22）年9月1日撮影でも、建物はあまり写っておらず、復興の困難さを感じる。

　図中南西端にあるのは、現・JR東海浜松工場。1912（明治45）年に鉄道院浜松工場として創設され、空襲や艦砲射撃の目標ともなった。1964（昭和39）年の東海道新幹線の開業にともなって、1965（昭和40）年から新幹線電車の全般検査を開始し、現在も、多くの車両検修を行っている。

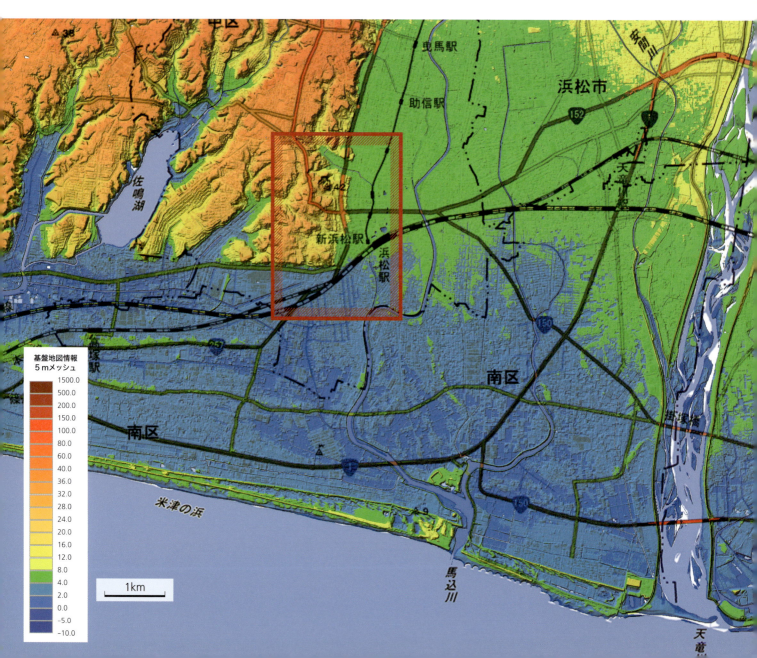

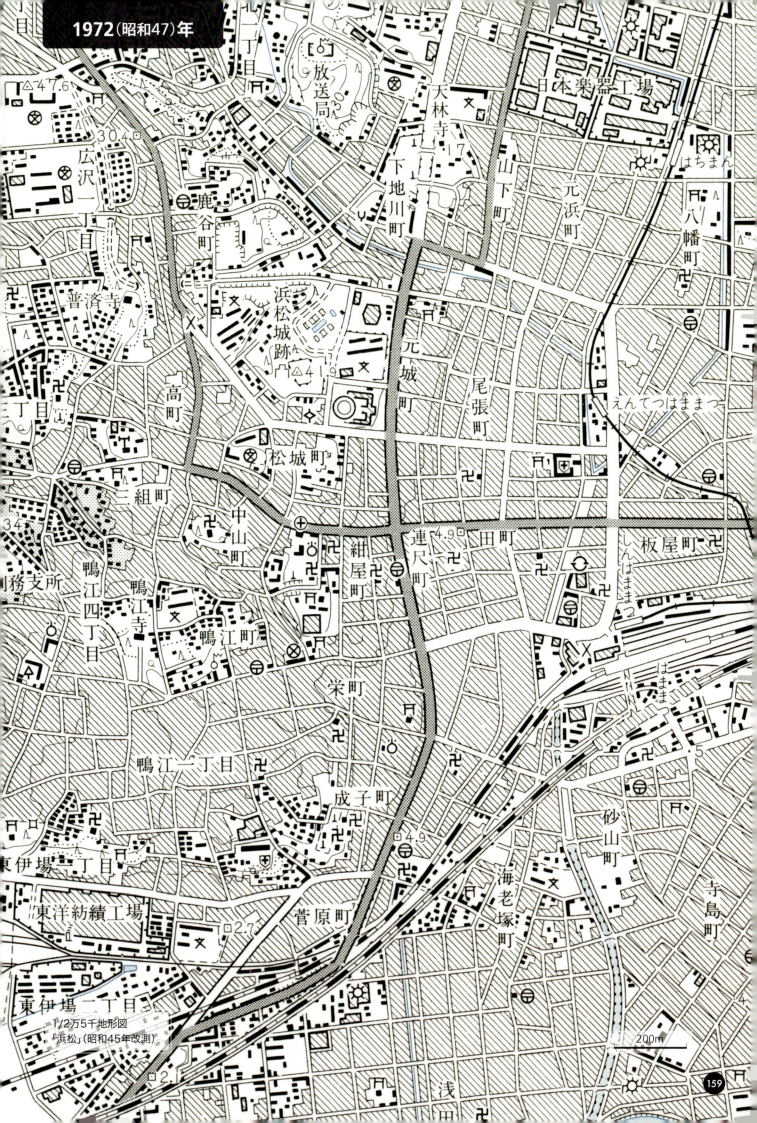

1959（昭和34）年

1/2万5千地形図
「浜松」（昭和32年三修）

1928（昭和3）年

1/2万5千地形図
「濱松」（昭和2年部修）

昭和は遠くなりにけり
——あとがきにかえて

元号で過去を振り返るとき、必ずと言っていいほど引き合いに出される句があります。

　降る雪や明治は遠くなりにけり

この中村草田男によって詠まれた句は、1931（昭和6）年の作。1908（明治41）年から1912（明治45）年の間、東京府赤坂区青南尋常小学校（現・東京都港区立青南小学校）に通学していた草田男が、東京帝国大学の学生のときに約20年ぶりに母校を訪ねて、時の遷ろいを詠んだとされています。

青南尋常小学校は、本書の「渋谷」の範囲よりもやや東側に位置しています。草田男が、ちょうど在校していたころの地形図（1909［明42］年 測図）には、小学校の東隣に「黒木邸」の記載があります。これは陸軍大将・黒木為楨の邸宅で、草田男少年通学時には存命（1923［大正12］年没）でした。日露戦争（1904［明治37］年～1905［明治38］年）で活躍した黒木大将の住む邸宅の目の前の小学校で、草田男少年は日露戦争直後の明治の時勢を感じて育ったのではないでしょうか。

長じた草田男青年が、母校を訪れ句を詠んだときより少々前の地形図（1925［大14］年 部修）では、図中の左端に太い道が出来ています。これは、明治神宮内苑へと続く表参道の東南端部です。明治天皇と昭憲皇太后を祀った明治神宮は、草田男少年在校時には南豊島御料地だった場所に、1920（大正9）年に創建されました。草田男青年は、もしかしたら「明治神宮前」の電停（停車場）で東京市電青山線を降り、若いケヤキの並木の表参道を見てから訪ねたのかもしれません。あるいは、図中の下側・現在の骨董通りを走る、在校時にはなかった東

1/1万地形図「三田」1909（明42）年　測図

1/1万地形図「三田」1925（大14）年　部修

米国立公文書館所蔵米軍撮影空中写真　1945（昭和20）年5月17日

国土地理院（米軍撮影）1947（昭和22）年9月8日

京市電霞町線（1914［大正3］年開業）の青山南町六丁目（図中・南町六）電停から向かったのでしょうか。

草田男青年になったつもりで小学校在校時と再訪時を比べてみます。近所に住んでいた黒木大将も亡くなり、明治神宮が創建され、新しい道に新しい市電も走っています。明治期の地形図と1945（昭和20）年の空中写真を比べると、小学校の形状も違っていることから、校舎も立て替えられていたのかもしれません。明治期に小学生だった自分が、大正期を過ぎて、元号は昭和。大学生になって訪れた母校周辺の状況の変化も、この句を発した要因のひとつであるとしても不思議はありません。

草田男が青南尋常小学校に在校時から再訪時まで変わらぬ主が住んでいたのが、黒木邸の南東部に隣接する根津邸です。鉄道王ともよばれ茶人でもあった根津嘉一郎（1940［昭和15］年没）が、南向きの傾斜地を利用して丹精込めた日本庭園を造園した根津邸。そこには、茶道具のみならず日本・東洋の古美術品がコレクションされていました。根津嘉一郎の没後、1941（昭和16）年には、根津美術館として開館しています。

その後、太平洋戦争となり、1945（昭和20）年5月17日に撮影された空中写真の8日後、5月25日の山の手大空襲によって、青南尋常小学校を含めて、この一帯は焼失します。1947（昭和22）年の空中写真でも空地が多く建物がまばらな様子から、復興に時間がかかっていることがわかります。

その後、東京オリンピックから高度成長期、バブル期を経たこの地は、草田男の目にはどのように映っていたのでしょうか。中村草田男は、昭和の終わりを見届けることなく、1983（昭和58）年に亡くなります。

一般財団法人日本地図センター
小林政能

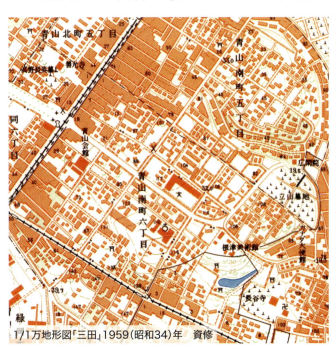
1/1万地形図「三田」1959（昭和34）年　資修

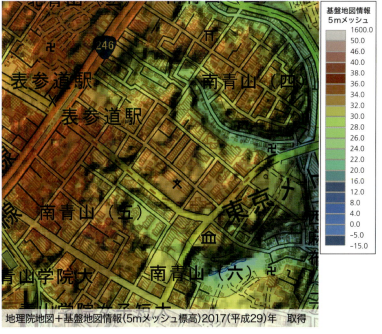
地理院地図＋基盤地図情報（5mメッシュ標高）2017（平成29）年　取得

❖ 参考文献

『1945・昭和20年米軍に撮影された日本　空中写真に遺された戦争と空襲の証言』日本地図センター、2015年

『地図記号500』日本地図センター、2015年

『地図と測量のＱ＆Ａ』日本地図センター、2013年

『地図記号のうつりかわり・地形図図式・記号の変遷』日本地図センター、1994年

「Shibuya シブヤ 渋谷 澁谷の写真」佐藤豊、地図中心・2016年2月号『Shibuya シブヤ 渋谷 澁谷』、日本地図センター、2016年

「地圖　横濱・斷章」石黒徹、地図中心・2015年1月号『横浜 まち みち みなと』、日本地図センター、2015年

「地図と写真に記録された新潟地震」地図中心編集部、地図中心・2015年10月号『新潟県中越地震から10年・新潟地震から50年、識って遺す』、日本地図センター、2015年

「駿府城から久能山」小和田哲男、地図中心・2015年4月号『徳川家康の城と東照宮～家康没後400年～』、日本地図センター、2015年

「陸軍省城絵図にみる岡崎城と浜松城～幻の城郭存廃調査記録より～」富原道晴、地図中心・2015年4月号『徳川家康の城と東照宮～家康没後400年～』、日本地図センター、2015年

『日本の地形4 関東・伊豆小笠原』貝塚爽平ほか、東京大学出版会、2000年

『日本の地形5 中部』町田洋ほか、東京大学出版会、2006年

『米軍の写真偵察と日本空襲－写真偵察機が記録した日本本土と空襲被害』工藤洋三、自費出版、2011年

「国内各都市の戦災の状況」総務省Webサイト（http://www.soumu.go.jp/main_sosiki/daijinkanbou/sensai/situation/state/index.html）

「活断層データベース」産業技術総合研究所Webサイト（https://gbank.gsj.jp/activefault/）

Wikipedia（https://ja.wikipedia.org/）

編者紹介 ···

一般財団法人日本地図センター

一般財団法人日本地図センターは、国土地理院が刊行する地図、
空中写真などの複製、頒布をおもな業務としています。また地
図に関する情報サービスを総合的に実施するため、地図や地理
空間情報の収集、提供、調査研究、普及活動などを行っています。

空中写真に遺された昭和の日本〈東日本編〉
──戦災から復興へ

2017年9月20日第1版第1刷　発行

編　者	一般財団法人日本地図センター
発行者	矢部敬一
発行所	株式会社 創元社
	http://www.sogensha.co.jp/
	本社　〒541-0047 大阪市中央区淡路町4-3-6
	Tel.06-6231-9010 Fax.06-6233-3111
	東京支店　〒162-0825 東京都新宿区神楽坂4-3 煉瓦塔ビル
	Tel.03-3269-1051
印刷所	大日本印刷株式会社

©2017 JAPAN MAP CENTER, Printed in Japan
ISBN978-4-422-22007-9　C2025

〔検印廃止〕
落丁・乱丁のときはお取り替えいたします。